베스트 논술 한국 대표 문학 ㉜

소설가 구보 씨의 일일 · 비오는 길

박태원 / 최명익 / 송영 / 조명희

장삼이사 / 비오는 길 / 석공 조합 대표 /
낙동강 / 농촌 사람들 / 저기압

SR&B(새로본닷컴)

김득신의 〈귀시도〉

〈베스트 논술 한국대표문학(전60권)〉을 펴내며

어린 시절의 독서는 평생의 이성과 열정을 보장해 줄 에너지의 탱크를 채우는 일입니다. 인생의 지표를 세울 수 있는 가장 믿을 만한 방법이기도 합니다.

새로 접하는 사물의 이치를 터득하려면 그 정보를 대뇌 속에 담는 프로그램이 마련되어 있어야 합니다. 그 프로그램을 구축하는 가장 효과적인 방법이 지속적인 독서입니다. 독서는 책과 나의 쌍방향적인 대화이며 만남이며 스킨십입니다.

그러나 단순한 독서만으로는 생각하는 힘과 정확히 표현하는 힘을 키울 수 없습니다. 〈베스트 논술 한국대표문학〉은 이에 유의하여 다음과 같이 편찬하였습니다.

① 초 · 중 · 고 교과서에 실린 고전 및 현대 문학 작품부터 〈삼국유사〉, 〈난중일기〉, 〈목민심서〉 등 우리의 정신을 일깨워 주고 우리에게 지혜와 용기를 준 '위대한 한국 고전'에 이르기까지 한 권 한 권을 가려 뽑았습니다.

② 각 권의 내용과 특성을 분석하여, '작가와 작품 스터디', '논술 가이드' 등을 덧붙여 생각하는 힘, 표현하는 힘을 키울 수 있도록 각 분야의 권위 학자, 논술 전문가들이 심혈을 기울였습니다.

③ 특히 현대 문학 부문은 최근 학계에서, 이 때까지의 오류를 바로잡아 정확한 텍스트를 확정한 것을 반영하였고, 고전 부문은 쉽고 아름다운 현대 국어로 재현하였습니다.

④ 각 작품에 관련된 작가의 고향을 비롯한 작품의 배경, 작품의 참고 자료 등을 일일이 답사 촬영하거나 수집 · 정리하여 화보로 꾸몄고, 각 작품의 갈피갈피마다 아름다운 그림을 넣어, 작품에 좀더 친근감 있게 접근할 수 있도록 하였습니다.

이 〈베스트 논술 한국대표문학〉이 여러분이 '큰 사람', '슬기로운 사람'이 되는 데 충실한 밑거름이 되기를 바랍니다.

〈베스트 논술 한국대표문학〉 편찬위원회

박태원

동창 모임에서의 박태원(앞줄 오른쪽 세 번째)

이상과 함께한 박태원(가운데)

친구들과 함께한 박태원(뒷줄 오른쪽)

옛날의 청계천 풍경

1938년에 출간한
〈소설가 구보 씨의 1일〉의 표지

현재의 청계천 풍경

조명희

〈낙동강〉의 표지

조명희 생가터에 있는 기념비

조명희의 가족 사진

조명희의 초상화가 걸려 있는 기념관

〈낙동강〉 소설의 배경이 된 낙동강

차례

박태원

소설가 구보 씨의 일일

소설가 구보 씨의 일일

어머니는

아들이 제 방에서 나와, 마루 끝에 놓인 구두를 신고, 기둥 못에 걸린 단장*을 떼어 들고, 그리고 문간으로 향해 나가는 소리를 들었다.

"어디, 가니?"

대답은 들리지 않았다.

중문 앞까지 나간 아들은, 혹은 자기의 한 말을 듣지 못하였는지도 모른다. 또는 아들의 대답 소리가 자기의 귀에까지 이르지 못하였는지도 모른다. 그 둘 중의 하나라고 생각한 어머니는 이번에는 중문 밖에까지 들릴 목소리를 내었다.

"일쯔거니 들어오너라."

역시 대답은 들리지 않았다. 중문이 소리를 내어 열려지고, 또 소리

---

* 단장 짧은 지팡이.

를 내어 닫혀졌다. 어머니는 얇은 실망을 느끼려는 자기 자신을 스스로 위로하려 한다. 중문 소리만 크게 나지 않았다면, 아들의 '네!' 소리를, 혹은 들을 수 있었을지도 모른다…….

어머니는 다시 바느질을 하며, 대체, 그 애는, 매일, 어딜, 그렇게, 가는 겐가, 하고 그런 것을 생각해 본다.

직업과 아내를 갖지 않은 스물여섯 살짜리 아들은, 늙은 어머니에게는 온갖 종류의 근심, 걱정거리였다. 우선 낮에 한번 집을 나서면, 아들은 밤늦게나 되어 돌아왔다.

늙고 쇠약한 어머니는 자리도 깔지 않고 맨바닥에 가, 팔을 괴고 누워, 아들을 기다리다가 곧잘 잠이 든다. 편안하지 못한 잠은, 두 시간씩 세 시간씩 계속될 수 없다. 잠깐 잠이 들었다 깰 때마다, 어머니는 고개를 들어 아들의 방을 바라보고, 그리고 기둥에 걸린 시계를 쳐다본다.

자정 —— 그리 늦지는 않았다. 이제 아들은 돌아올 게다. 어머니는 아들이 어서 돌아와지라 빌며, 또 어느 틈엔가 꼬빡 잠이 든다. 그가 두 번째 잠을 깨는 것은 새로 한 점* 반이나 두 점, 그러한 시각이다. 아들의 방에는 그저 불이 켜 있다. 아들은 잘 때면 반드시 불을 끈다. 그러나 혹은 어느 틈엔가 아들은 돌아와, 자리에 누워 책이라도 읽고 있는 게 아닐까. 아들에게는 그런 버릇이 있다. 어머니는 소리 안 나게 아들의 방 앞에까지 걸어가 가만히 안을 엿듣는다. 마침내 어머니는 방문을 열어 보고, 입때* 웬일일까, 호젓한 얼굴을 하고, 다시 방문을 닫으려다 말고 방 안으로 들어온다.

나이 찬 아들의, 기름과 분 냄새 없는 방이, 늙은 어머니에게는 애달팠다. 어머니는 초저녁에 깔아 놓은 채 그대로 있는 아들의 이부자리와 베개를 바로 고쳐 놓고, 그리고 그 옆에 가 앉아 본다. 스물여섯 해를

* 점 예전에 시각을 세던 단위. 괘종시계의 종 치는 횟수로 세었음.
* 입때 여태. 지금까지. 또는 아직까지.

길렀어도 종시 마음이 놓이지 않는 것은 자식이었다. 설혹 스물여섯 해를 스물여섯 곱하는 일이 있었더라도, 어머니의 마음은 늘 걱정으로 차리라. 그래도 어머니는 그가 작은며느리를 보면, 이렇게 밤늦게 한 가지 걱정을 덜 수 있으리라 생각한다.

"참, 이 애는 왜 장가를 들려구 안 하는 겐구."

언제나 혼인말을 꺼내면, 아들은 말하였다.

"돈 한푼 없이 어떻게 기집을 멕여 살립니까?"

하지만……, 어떻게 도리야 있느니라. 어디 월급쟁이가 되더라두, 두 식구 입에 풀칠이야 못 헐라구…….

어머니는 어디 월급 자리라도 구할 생각은 없이, 밤낮으로 책이나 읽고 글이나 쓰고, 혹은 공연스레 밤중까지 쏘다니고 하는 아들이 보기에 딱하고, 또 답답하였다.

"그래두 장가를 들어 놓으면 맘이 달러지지."

"제 계집 귀여운 줄 알면, 자연 돈 벌 궁릴 하겠지."

작년 여름에 아들은 한 '색시'를 만나 본 일이 있다. 그 애면 저도 싫다고는 않겠지. 이제 이놈이 들어오거든 단단히 따져 보리라……. 그리고 어머니는 어느 틈엔가 손주 자식을 눈앞에 그려 보기조차 한다.

아들은

그러나 돌아와, 채 어머니가 뭐라고 말할 수 있기 전에, 입때 안 주무셨어요, 어서 주무세요. 그리고 자리옷으로 갈아 입고는 책상 앞에 앉아 원고지를 펴 놓는다.

그런 때 옆에서 무슨 말이든 하면, 아들은 언제든 불쾌한 표정을 지었다. 그것은 어머니의 마음을 아프게 한다. 그래, 어머니는 가까스로, 늦었으니 어서 자거라, 그걸랑 낼 쓰구……. 한 마디를 하고서 아들의 방을 나온다.

"얘기는 낼 아침에래두 허지."

그러나 열한 점이나 오정에야 일어나는 아들은, 그대로 소리없이 밥을 떠 먹고는 나가 버렸다. 때로, 글을 팔아 몇 푼의 돈을 구할 수 있을 때, 그 어느 한 경우에, 아들은 어머니를 보고, 뭐 잡수시구 싶으신 거 없에요, 그렇게 묻는 일이 있었다.

어머니는 직업을 가지지 못한 아들이, 그래도 어떻게 몇 푼의 돈을 만들어 자기에게 그런 말을 할 수 있는 것을 신기하게 기뻐하였다.

"어서 내 생각 말구, 네 양말이나 사 신어라."

그러면 아들은 으레 제 고집을 세웠다. 아들의 고집 센 것을, 물론 어머니는 좋게 생각 안 했다. 그러나 이러한 경우라면, 아들이 고집을 세우면 세울수록 어머니는 만족하였다. 어머니의 사랑은 보수를 원하지 않지만, 그래도 자식이 자기에게 대한 사랑을 보여 줄 때, 그것은 어머니를 기쁘게 해 준다. 대체 무얼 사 줄 테냐. 뭐든 어머니 마음대로. 먹는 게 아니래도 좋으냐. 네. 그래 어머니는 에누리 없이 욕망을 말해 본다.

"너, 나 치마 하나 해 주려무나."

아들이 흔연히* 응락하는 걸 보고,

"네 아주멈은 무어 안 해 주니?"

아들은 치마 두 가음(감)의 가격을 묻고, 그리고 갑자기 엄숙한 얼굴을 한다. 혹은 밤을 새우기까지 해 아들이 번 돈은 결코 대단한 액수의 것이 아니었다. 그래, 어머니는 말한다.

"그럼 네 아주멈이나 해 주렴."

아들은, 아니에요, 넉넉해요. 갖다 끊으세요. 그리고 돈을 내놓았다. 어머니는 얼마를 주저한다. 그러나 마침내 그는 가장 자랑스러이 돈을

＊흔연히 기쁘거나 반가워 기분이 좋다.

집어 들고, 애애 옷감 바꾸러 나가자, 아재비가 치마 허라구 돈을 주었다. 네 아재비가……. 그렇게 건넌방에서 재봉틀을 놀리고 있던 맏며느리를 신기하게 놀래 준다. 치마가 되면, 어머니는 그것을 입고 나들이를 하였다. 일가집 대청에 가 주인 아낙네와 마주 앉아, 갓난애같이 어머니는 치마 자랑할 기회를 엿본다. 주인 마누라가 섣불리, 참, 치마 좋은 거 해 입으셨구먼, 이라고나 한다면, 어머니는 서슴지 않고,

"이거 내 둘째아이가 해 준 거죠. 제 아주멈 해 주구, 이거하구……."

이렇게 묻지도 않은 말을 하였다. 어머니는 그것이 아들의 훌륭한 자랑거리라 생각하였다. 자식을 자랑할 때, 어머니는 얼마든지 뻔뻔스러울 수 있다. 그러나 그런 일은 늘 있을 수 없다. 어머니는 역시, 글을 쓰는 것보다는 월급쟁이가 몇 곱절 낫다고 생각하고, 그리고 그렇게 재주 있는 내 아들은 무엇을 하든 잘 하리라고 혼자 작정해 버린다. 아들은 지금 세상에서 월급 자리 얻기가 얼마나 힘든 것인가를 말한다. 하지만 보통 학교만 졸업하고도, 고등 학교만 나오고도 회사에서 관청에서 일들만 잘 하고 있는 것을 알고 있는 어머니는, 고등 학교를 졸업하고도, 또 동경엘 건너가 공불하고 온 내 아들이 구해도 일자리가 없다는 것이 도무지 믿어지지가 않았다.

구보는

집을 나와 천변길을 광교로 향해 걸어가며, 어머니에게 단 한 마디 '네 ——' 하고 대답 못 했던 것을 뉘우쳐 본다. 하기야 중문을 여닫으며 구보는 '네 ——' 소리를 목구멍까지 내 보았던 것이나 중문과 안방과의 거리는 제법 큰 소리를 요구하였고, 그리고 공교롭게 활짝 열린 대문 앞을, 때마침 세 명의 여학생이 웃고 떠들며 지나갔다.

그렇더라도 대답은 역시 해야만 하였었다고, 구보는 어머니의 외로

워할 때의 표정을 눈앞에 그려 본다. 처녀들은 어느 틈엔가 그의 시야에서 사라졌다.

구보는 마침내 다리 모퉁이에까지 이르렀다. 그의 일 있는 듯싶게 꾸미는 걸음걸이는 그 곳에서 멈추어진다. 그는 어딜 갈까, 생각해 본다. 모두가 그의 갈 곳이었다. 한 군데라 그가 갈 곳은 없었다.

한낮의 거리 위에서 구보는 갑자기 격렬한 두통을 느낀다. 비록 식욕

은 왕성하더라도, 잠은 잘 오더라도, 그것은 역시 신경 쇠약에 틀림없었다. 구보는 떠름한 얼굴을 해 본다.

취박 4.0
취나 2.0
취안 2.0
고정 4.0
수 200.0
하루 삼 회 분복(몇 번에 나누어 먹음) 이 일분

그가 다니는 병원의 젊은 간호부가 반드시 '삼(3)뻬스이' 라고 발음하는 이 약은 그에게는 조그마한 효험도 없었다. 그러자 구보는 갑자기 옆으로 몸을 비킨다. 그 순간 자전거가 그의 몸을 가까스로 피해 지났다. 자전거 위의 젊은이는 모멸 가득한 눈으로 구보를 돌아본다. 그는 구보의 몇 칸통 뒤에서부터 요란스레 종을 울렸던 것임에 틀림없었다. 그것을 위험이 박두하였을 때에야 비로소 몸을 피할 수 있었던 것은 반드시 그가 '삼B수' 의 처방을 외우고 있었기 때문만이 아니었다.

구보는 자기의 왼편 귀 기능에 스스로 의혹을 갖는다. 병원의 젊은 조수는 결코 익숙하지 못한 솜씨로 그의 귓속을 살피고, 그리고 대담하게도 그 안에 몹시 불결한 까닭 외에 아무 이상이 없다고 선언하였다.

한 덩어리의 '귀지' 를 갖기보다는 차라리 사 주일간 치료를 요하는 중이염을 앓고 싶다, 생각하는 구보는 그의 선언에 무한한 굴욕을 느끼며, 그래도 매일 신경질나게 귀 안을 소제하였었다.

그러나 구보는 다행하게도 중이 질환을 가진 듯싶었다. 어느 기회에 그는 의학 사전을 뒤적거려 보고, 그리고 별 까닭도 없이 자기는 중이가답아(중이염. 중이에 생기는 염증)에 걸렸다고 혼자 생각하였다. 사전에 의하면 중이가답아에는 급성 및 만성이 있고, 만성 중이가답아는 또다시 이를 만성 건성 및 만성 습성의 이자*로 나눈다 하였는데, 자기의 이질은 그 만성 습성의 중이가답아에 틀림없다고 구보는 작정하고 있었다. 그러나 부실한 것은 그의 왼쪽 귀뿐이 아니었다. 구보는 그의 바른쪽 귀에도 자신을 갖지 못한다. 언제든 쉬이 전문의를 찾아보아야겠다고 생각은 하면서도, 일 년이나 그대로 내버려 둔 채 지내 온 그는, 비교적 건강한 그의 바른쪽 귀마저, 또 한편 귀의 난청 보충으로 그 기능을 소모시키고, 그리고 불원한* 장래에 '듄케르 청장관'이나 '전기 보청기'의 힘을 빌리지 않으면 안 될지도 모른다.

구보는

갑자기 걸음을 걷기로 한다. 그렇게 우두커니 다리 곁에 가 서 있는 것의 무의미함을 새삼스러이 깨달은 까닭이다. 그는 종로 네거리를 바라보고 걷는다. 구보는 종로 네거리에 아무런 사무도 갖지 않는다. 처음에 그가 아무렇게나 내어놓았던 바른발이 공교롭게도 왼편으로 쏠렸기 때문에 지나지 않는다. 갑자기 한 사람이 나타나 그의 앞을 가로질러 지난다. 구보는 그 사내와 마주칠 것 같은 착각을 느끼고, 위태롭게 걸음을 멈춘다. 그리고 다음 순간, 구보는 이렇게 대낮에도 조금의 자신을 가질 수 없는 자기의 시력을 저주한다. 그의 코 위에 걸려 있는 이십사 도의 안경은 그의 근시를 도와 주었으나, 그의 망막에 나타나 있는 무수한 맹점을 제거하는 재주는 없었다. 총독부 병원 시대의 구보의 시력 검사표는 그저 그 우울한 '안과 재래'의 책상 서랍 속에 들어 있을지도 모른다.

R, 4 L, 3

---

* **이자** 두 가지.
* **불원하다** 시간이 멀지 않다.

구보는이 주일간 열병을 앓은 끝에, 갑자기 쇠약해진 시력을 호소하러 처음으로 안과의와 대하였을 때의, 그 조그만 테이블 위에 놓여 있던 '시야 측정기'를 지금도 기억하고 있다. 제 자신 강도의 안경을 쓰고 있던 의사는, 백묵을 가져, 그 위에 용서 없이 무수한 맹점을 찾아 내었었다. 그래도 구보는, 약간 자신이 있는 듯싶은 걸음걸이로 전차 선로를 두 번 횡단하여 화신 상회 앞으로 간다. 그리고 저도 모를 사이에 그의 발은 백화점 안으로 들어서기조차 하였다.

　젊은 내외가 너덧 살 되어 보이는 아이를 데리고 그 곳에 가 승강기를 기다리고 있었다. 이제 그들은 식당으로 가서 그들의 오찬을 즐길 것이다. 흘낏 구보를 본 그들 내외의 눈에는 자기네들의 행복을 자랑하고 싶어하는 마음이 엿보였는지도 모른다. 구보는 그들을 업신여겨 볼까하다가, 문득 생각을 고쳐, 그들을 축복하여 주려 하였다. 사실, 사오년 이상을 같이 살아왔으면서도, 오히려 새로운 기쁨을 가져 이렇게 거리로 나온 젊은 부부는 구보에게 좀 다른 의미로서의 부러움을 느끼게 하였는지도 모른다. 그들은 분명히 가정을 가졌고, 그리고 그들은 그곳에서 당연히 그들의 행복을 찾을 게다.

　승강기가 내려와 서고, 문이 열려지고, 닫혀지고, 그리고 젊은 내외는 수남이나 복동이와 더불어 구보의 시야를 벗어났다.

　구보는 다시 밖으로 나오며, 자기는 어디 가 행복을 찾을까 생각한다. 발 가는 대로 그는 어느 틈엔가 안전 지대에 가 서서, 자기의 두 손을 내려다보았다. 한 손의 단장과 또 한 손의 공책과 —— 물론 구보는 거기에서 행복을 찾을 수는 없다.

　안전 지대 위에, 사람들은 서서 전차를 기다린다. 그들에게 행복은 알 수 없다. 그러나 그들은 분명히, 갈 곳만은 가지고 있었다.

　전차가 왔다. 사람들은 내리고 또 탔다. 구보는 잠깐 멍하니 그곳에 서 있었다. 그러나 자기와 더불어 그 곳에 있던 온갖 사람들이 모두 저

차에 오른다 보았을 때, 그는 혼자 그 곳에 남아 있는 것에, 외로움과 애달픔을 맛본다. 구보는 움직이는 전차에 뛰어올랐다.

전차 안에서

구보는 우선 제 자리를 찾지 못한다. 하나 남았던 좌석은 그보다 바로 한걸음 먼저 차에 오른 젊은 여인에게 점령당했다. 구보는 차장대 가까운 한구석에 가 서서, 자기는 대체 이 동대문행 차를 어디까지 타고 가야 할 것인가를, 대체 어느 곳에 행복은 자기를 기다리고 있을 것인가를 생각해 본다. 이제 이 차는 동대문을 돌아 경성 운동장 앞으로 해서…… 구보는 차장대, 운전대로 향한, 안으로 파 — 란 융을 받쳐 댄 창을 본다. 전차과에서는 그 곳에 '뉴 — 스'를 게시한다. 그러나 사람들은 요사이 축구도 야구도 하지 않는 모양이었다. 장충단으로, 청량리로, 혹은 성북동으로,…… 그러나 요사이 구보는 교외를 즐기지 않는다.

그 곳에는 하여튼 자연이 있었고, 한숙이 있었다. 그리고 고독조차 그 곳에는 준비되어 있었다. 요사이 구보는 고독을 두려워한다. 일찍이 그는 고독을 사랑한 일이 있었다. 그러나 고독을 사랑한다는 것은 그의 심경의 바른 표현이 못 될 게다. 그는 결코 고독을 사랑하지 않았는지도 모른다. 아니, 도리어 그는 그것을 그지없이 무서워하였는지도 모른다. 그러나 그는 고독과 힘을 겨누어, 결코 그것을 이겨 내지 못하였다. 그런 때, 구보는 차라리 고독에게 몸을 떠맡겨 버리고, 그리고 스스로 자기는 고독을 사랑하고 있는 것이라고 꾸며 왔는지도 모를 일이다…….

표, 찍읍쇼 — 차장이 그의 앞으로 왔다. 구보는 단장을 왼팔에 걸고, 바지 주머니에 손을 넣었다. 그러나 그가 그 속에서 다섯 닢의 동전을 골라 내었을 때, 차는 종묘 앞에 서고, 그리고 차장은 제자리로 돌아갔다.

구보는 눈을 떨어뜨려, 손바닥 위의 다섯 닢 동전을 본다. 그것들은 공교롭게도 모두가 뒤집혀 있었다. 대정 십이 년, 십일 년, 십일 년, 십 팔 년 —— 구보는 그 숫자에서 어떤 한 개의 의미를 찾아내려 들었다. 그러나 그것은 부질없는 일이었고, 그리고 또 설혹 그것이 무슨 의미를 가지고 있었다 하더라도, 그것은 적어도 '행복' 은 아니었을 게다.

차장이 다시 그의 옆으로 왔다. 어디를 가십니까. 구보는 전차가 향하여 가는 곳을 바라보며 문득 창경원에라도 갈까, 하고 생각한다. 그러나 그는 차장에게 아무런 사인도 하지 않았다. 갈 곳을 갖지 않은 사람이 한 번 차에 몸을 의탁하였을 때, 그는 어디에든 섣불리 내릴 수 없다.

차는 서고, 또 움직였다. 구보는 창밖을 내다보며, 문득 대학 병원에라도 들를 것을 그랬나 하여 본다. 연구실에서 벗은 정신병을 공부하고 있었다. 그를 찾아가 좀 다른 세상을 구경하는 것은, 행복은 아니어도 어떻든 한 개의 일일 수 있다…….

구보가 머리를 돌렸을 때, 그는 그 곳에, 지금 막 차에 오른 듯싶은 한 여성을 보고, 그리고 응당 반색을 하고, 그리고 '그래서 그래서' 뒤를 캐어 물을 게다. 그가 만약, 오직 그뿐이라고라도 말한다면, 어머니는 실망하고 그리고 그를 주변머리 없다고 책할지도 모른다. 그러나 누가 그 일을 알고, 그리고 아들을 졸하다고라도 말한다면, 어머니는 내 아들은 원체 얌전해서…… 그렇게 변호할 게다.

구보는 여자와 시선이 마주칠까 겁하여, 얼토당토않은 곳을 보며, 저 여자는 내가 여기 있는 것을 보았을까, 하고 생각한다.

여자는

혹은, 그를 보았을지도 모른다. 전차 안에 승객은 결코 많지 않았고, 그리고 자리가 몇 군데 비어 있음에도 불구하고 구석에 가 서 있는 사람이란, 남의 눈에 띄기 쉽다. 여자는 응당 자기를 보았을 게다. 그러나 여자는 능히 자기를 알아볼 수 있었을까. 그것은 의문이다. 작년 여름에 단 한 번 만났을 뿐으로, 이래 일 년간 길에서라도 얼굴을 대한 일이 없는 남자를, 그렇게 쉽사리 여자는 알아내지 못할 게다. 그러나 자기가 기억하고 있는 여자에게, 자기의 기억이 없으리라고 생각하는 것은 누구에게 있어서든 외롭고 또 쓸쓸한 일이다. 구보는 여자와의 회견 당시의 자기의 그 대담한, 혹은 뻔뻔스런 태도와 화술이, 그에게 적지않이 인상 주었으리라고 생각하고, 그리고 여자는 때때로 자기를 생각하여 주고 있었다고 믿고 싶었다.

그는 분명히 나를 보았고 그리고 나를 나라고 알았을 게다. 그러한 그는 지금 어떠한 느낌을 가지고 있을까, 그것이 구보는 알고 싶었다.

그는 결코 대담하지 못한 눈초리로, 비스듬히 두 간통 떨어진 곳에 앉아 있는 여자의 옆얼굴을 곁눈질하였다. 그리고 다음 순간, 그와 눈이 마주칠 것을 겁하여 시선을 돌리며, 여자는 혹은 자기를 곁눈질한 남자의 꼴을 곁눈질로 느꼈을지도 모르겠다고, 그렇게 생각하여 본다. 여자는 남자를 그 남자라 알고, 그리고 남자가 자기를 그 여자라 안 것을 알고 있을지도 모른다. 이러한 경우에 나는 어떠한 태도를 취하여야 마땅할까 하고, 구보는 그러한 것에 머리를 썼다. 알은 체를 하여야 옳을지도 몰랐다. 혹은 모른 체하는 게 정당한 인사일지도 몰랐다. 그 둘 중에 어느 편을 여자는 바라고 있을까. 그것을 알았으면, 하였다. 그러다가 갑자기, 그러한 것에 마음을 태우고 있는 자기가 스스로 괴이하고 우스워, 나는 오직 요만 일로 이렇게 흥분할 수가 있었던가 하고 스스로 의심하여 보았다. 그러면 나는 마음 속 그윽히 그를 생각하고 있었던지도 모르겠다고 생각하여 보았다. 그러나 그가 여자와 한 번 본 뒤로, 이래 일 년간 그를 일찍이 한 번도 꿈에 본 일이 없었던 것을 생각해 내었을 때, 자기는 역시 진정으로 그를 사랑하고 있는 것은 아닌지도 모르겠다고, 그러한 생각이 들었다. 만약 그렇다면 자기가 여자의 마음을 헤아려 보고, 그리고 이리저리 공상을 달리고 하는 것은, 이를테면 감정의 모독이었고, 그리고 일종의 죄악이었다. 그러나 만약 여자가 자기를 진정으로 그리워하고 있다면 ──. 구보가 여자 편으로 눈을 주었을 때, 그러나 여자는 자리에서 일어나 양산을 들고 차가 동대문 앞에 정류하기를 기다려 내려갔다. 구보의 마음은 또 한 번 요동하며, 창 너머로 여자가 청량리행 전차를 기다리느라, 그 곳 안전 지대로 가서는 것을 보았을 때, 그는 자기도 차에서 곧 내리고 싶은 충동을 느꼈다. 그러나, 여자가 청량리행 전차 속에서 자기를 또 한 번 발견하고, 그리고 자기가 일도 없건만 오직 여자와의 사이에 어떠한 기회를 엿보기 위하여 그 차를 탄 것에 틀림없다는 것을 눈치챌 때, 여자는 그러한 자기를 얼마나 천박하게 생각할까. 그래, 구보가 망설이는 동안, 전차는 달리고, 그들의 사이는 멀어졌다. 마침내 여자의 모양이 완전히 그의 시야에서 떠났을 때, 구보는 갑자기 아차, 하고 뉘우친다.

행복은

그가 그렇게도 구하여 마지않던 행복은, 그 여자와 함께 영구히 가 버렸는지도 모른다. 여자는 자기에게 던져 줄 행복을 가슴에 품고서, 구보가 마음의 문을 열어 가까이 와 주기를 갈망하였는지도 모른다. 왜 자기는 여자에게 좀더 대담하지 못하였나. 구보는, 여자가 가지고 있는 온갖 아름다운 점을 하나하나 헤어 보며, 혹은 이 여자말고 자기에게 행복을 약속하여 주는 이는 없지나 않을까, 하고 그렇게 생각하였다. 방향판을 '한강교' 로 갈고 전차는 훈련원을 지났다. 구보는 자리에 앉아, 주머니에서 오 전 백동화*를 골라 꺼내면서, 비록 한 번도 꿈에 본 일은 없었더라

＊백동화 '백통화' 의 원말. 백통전. 구리, 아연, 니켈의 합금으로 만든 돈.

도 역시 그가 자기에게는 유일한 여자가 아닐까 하고 생각하여 본다.

자기가 그를 그동안 대수롭지 않게 여겨 왔던 것같이 생각하는 것은, 구보가 제 감정을 속인 것에 지나지 않을지도 모른다. 그가 여자를 만나보고 돌아왔을 때, 그는 집에서 아들을 궁금히 기다리고 있던 어머니에게 '그 여자면' 정도의 뜻을 표시하였었던 것에 틀림없었다.

그러나 구보는, 어머니가 색시집으로 솔직하게 구혼할 것을 금하였다. 그것은 허영만에서 나온 일은 아니다. 그는 여자가 자기 생각을 안하고 있는 경우에 객쩍게스리 여자를 괴롭혀 주고 싶지 않았던 까닭이다. 구보는 여자의 의사와 감정을 존중하고 싶었다.

그러나 물론, 여자에게서는 아무런 말도 하여 오지 않았다. 구보는 여자가 은근히 자기에게서 무슨 말이 있기를 기다리고 있는 것이나 아닐까, 하고도 생각하여 보았다. 그러나 그런 것을 생각하는 것은 제 자신이 우스운 일이다. 그러는 동안에 날은 가고, 그리고 그것에 대한 흥미를 구보는 잃기 시작하였다. 혹시, 여자에게서라도 먼저 말이 있다면──. 그러면 구보는 다시 이 문제에 흥미를 가질 수 있을 게다. 언젠가 여자의 집과 어떻게 인척 관계가 있는 노마님이 와서 색시집에서도 이편의 동정만 살피고 있는 듯싶더란 말을 들었을 때, 구보는 쓰디쓰게 웃고, 그리고 그것이 사실이라면 그것은 희극이라느니보다는 오히려 한 개의 비극이라고 생각하였다. 그러면서도 구보는 그 비극에서 자기네들을 구하기 위하여 팔을 걷고 나서려 들지 않았다.

전차가 약초정* 근처를 지나갈 때, 구보는 그러나 그 흥분에서 깨어나, 뜻모를 웃음을 입가에 띠어 본다. 그의 앞에 어떤 젊은 여자가 앉아 있었다. 그 여자는 자기의 두 무릎 사이에다 양산을 놓고 있었다. 어느 잡지에선가 구보는, 그것이 비처녀성을 나타내는 것임을 배운 일이 있

---

* 약초정 지금의 서울 중구 초동.

다. 땋은 머리를 틀어올렸을 뿐이나, 그만한 나이로는 저 여인은 마땅히 남편을 가졌어야 옳을 게다. 아까, 그는 양산을 어디다 놓고 있었을까 하고, 구보는 객쩍은 생각을 하다가, 여성에게 대하여 그러한 관찰을 하는 자기는, 혹은 어떠한 여자를 아내로 삼든 반드시 불행하게 만들어 주지나 않을까, 하고 생각하였다. 그러나 여자는 ——. 여자는 능히 자기를 행복되게 하여 줄 것인가, 구보는 자기가 알고 있는 온갖 여자를 차례로 생각하여 보고, 그리고 가만히 한숨지었다.

일찍이

구보는 벗의 누이에게 짝사랑을 느낀 일이 있었다. 어느 여름날 저녁, 그가 벗을 찾았을 때, 문간으로 그를 응대하러 나온 벗의 누이는, 혹은 정말 나어린* 구보가 동경의 마음을 갖기에 알맞도록 아름다웁고 깨끗하였는지도 모른다. 열다섯 살짜리 문학 소년은 그를 사랑하고 싶다 생각하고, 뒷날 그와 결혼할 수 있다 하면, 응당 자기는 행복이리라 생각하고, 자주 벗을 찾아가 그와 만날 기회를 엿보고, 혹 만나면 저 혼자 얼굴을 붉히고, 그리고 돌아와 밤늦게 여러 편의 연애시를 초하였다. 그러나 그가 자기보다 세 살이나 위라는 것을 생각할 때, 구보의 마음은 불안하였다. 자기가 한 여자의 앞에서 자기의 사랑을 고백하여도 결코 서투르지 않을 나이가 되었을 때, 여자는 이미 그 전에, 다른, 더 나이 먹은 이의 사랑을 용납해 버릴 게다. 그러나 구보가 그것에 대하여 아무런 대책도 강구할 수 있기 전에 여자는 참말, 나이 먹은 남자의 품으로 갔다. 열일곱 살 먹은 구보는, 자기의 마음이 퍽이나 괴로웁고 슬픈 것같이 생각하려 들고, 그리고 그러면서도 그들의 행복을, 특히

* 나어린 나이가 어린.

남자의 행복을 빌려 들었다. 그러한 감정은 그가 읽은 문학서류에 얼마든지 씌어 있었다. 결혼 비용 삼천 원, 신혼 여행은 동경으로, 관수동에 그들 부처를 위하여 개축된 집은 행복을 보장하는 듯싶었다.

이번 봄에 들어서서, 구보는 벗과 더불어 그들을 찾았다. 이미 두 아이의 어머니인 여인 앞에서, 구보는 얼굴을 붉히는 일 없이 평범한 이야기를 서로 할 수 있었다. 구보가 일곱 살 먹은 사내아이를 영리하다고 칭찬하였을 때, 젊은 어머니는, 그러나 그 애가 골목 안에서는 그 중

나이 어림을 말하고, 그리고 나이 먹은 아이들이란, 저희보다 적은 아이에게 대하여 얼마든지 교활할 수 있음을 한탄하였다. 언제든 딱지를 가지고 나가서는, 최후의 한 장까지 빼앗기고 들어오는 아들이 민망하여, 하루는 그 뒤에 연필로 하나하나 표를 하여 주고, 그것을 또 다 잃고 돌아왔을 때, 그는 골목 안의 아이들을 모아, 그들이 가지고 있는 딱지에서 원래의 내 아이 물건을 가려내어, 거의 모조리 회수할 수 있었다는 이야기를, 젊은 어머니는 일종의 자랑조차 가지고 구보에게 들려주었었다…….

구보는 가만히 한숨짓는다. 그가 그 여인을 아내로 삼을 수 없었던 것은 결코 불행이 아니었다. 그러한 여인은, 혹은 한평생을 두고 구보에게 행복이 무엇임을 알 기회를 주지 않았을지도 모른다.

조선은행 앞에서 구보는 전차를 내려, 장곡천정*으로 향한다. 생각에 피로한 그는 이제 마땅히 다방에 들러 한 잔의 홍차를 즐겨야 할 것이다.

몇 점이나 되었나. 구보는 그러나 시계를 갖지 않았다. 갖는다면 그는 우아한 회중시계를 택할 게다. 팔뚝 시계는 —— 그것은 소녀 취미에나 맞을 게다. 구보는 그렇게도 팔뚝 시계를 갈망하던 한 소녀를 생각하였다. 그는 동리에 전당 나온 십팔금 팔뚝 시계를 탐내고 있었다.

그것은 사 원 팔십 전에 구할 수 있었다. 그리고 그는 그 시계말고, 치마 하나를 해 입을 수 있을 때에, 자기는 행복의 절정에 이를 것같이 생각하고 있었다.

'벰베르크' 실로 짠 보일 치마, 삼 원 육십 전. 하여튼 팔 원 사십 전이 있으면, 그 소녀는 완전히 행복일 수 있었다. 그러나 구보는 그 결코 크지 못한 욕망이 이루어졌음을 듣지 못했다.

구보는, 자기는 대체 얼마를 가져야 행복일 수 있을까 생각해 본다.

＊ 장곡천정 오늘날 서울의 소공로.

다방의

　오후 두 시, 일을 가지지 못한 사람들이 그 곳 등의자에 앉아 차를 마시고, 담배를 태우고, 이야기를 하고, 또 레코드를 들었다. 그들은 거의 다 젊은이들이었고, 그리고 그 젊은이들은 그 젊음에도 불구하고 이미 자기네들은 인생이 피로한 것같이 느꼈다. 그들의 눈은 그 광선이 부족하고 또 불균등한 속에서 쉴 사이 없이 제각각의 우울과 고달픔을 하소연한다. 때로, 탄력 있는 발소리가 이 안을 찾아들고, 그리고 호화로운 웃음소리가 이 안에 들리는 일이 있었다. 그러나 그것들은 이 곳에 어울리지 않았고, 그리고 무엇보다도 다방에 깃들인 무리들은 그런 것을 업신여겼다.

　구보는 아이에게 한 잔의 가배차*와 담배를 청하고 구석진 등탁자로 갔다. 나는 대체 얼마나 있으면 ── 그의 머리 위에 한 장의 포스터가 걸려 있었다. 어느 화가의 〈도구류별전〉. 구보는 자기에게 양행비(외국에 갈 비용)가 있으면, 적어도 지금 자기는 거의 완전히 행복일 수 있으리라 생각한다. 동경에라도 ──. 동경도 좋았다. 구보는 자기가 떠나온 뒤의 변한 동경이 보고 싶다 생각한다. 혹은 더 좀 가까운 데라도 좋았다. 지극히 가까운 데라도 좋았다. 오십 리 이내의 여정에 지나지 않더라도 구보는 조그만 '슈트 케이스'를 들고 경성역에 섰을 때, 응당 자기는 행복을 느끼리라 믿는다. 그것은 금전과 시간이 주는 행복이다. 구보에게는 언제든 여정에 오르려면, 오를 수 있는 시간의 준비가 있었다……

　구보는 차를 마시며 약간의 금전이 가져다 줄 수 있는 온갖 행복을 손꼽아 보았다. 자기도 혹은 팔 원 사십 전을 가지면, 우선 조그만 한 개의, 혹은 몇 개의 행복을 가질 수 있을 게다. 구보는 그러한 제 자신

＊가배차　'가배'는 '커피'의 음역어.

을 비웃으려 들지 않았다. 오직 그만한 돈으로 한때 만족할 수 있는 그 마음은 애닯고 또 사랑스럽지 않은가.

구보는 담배에 불을 붙이며 자기가 원하는 최대의 욕망은 대체 무엇일구, 하였다. 이사카와 다쿠보쿠는 화롯가에 앉아 곰방대를 닦으며, 참말로 자기가 원하는 것이 무엇일구, 생각하였다. 그러나 그것은 있을 듯하면서도 없었다. 혹은 그럴 게다. 그러나 구태여 말하여, 말할 수 없을 것도 없을 게다. 원차마의경리여붕우공창지이무감(세상을 두루 다니고 검소한 생활을 하면서, 친구와 더불어 함께 하면 여한이 없다.)은 자로의 뜻이요, 좌상객상만 준중주불공(자리에 손님이 늘 넘치고, 술잔의 술은 떨어지지 않는다.)은 공융의 원하는 바였다. 구보는 저도 역시 좋은 벗들과 더불어 그 즐거움을 함께 하였으면 한다.

갑자기 구보는 벗이 그리워진다. 이 자리에 앉아 한 잔의 차를 나누며, 또 같은 생각 속에 있고 싶다 생각한다……

구둣발 소리가 바깥 포도(포장도로)를 걸어와 문 앞에 서고, 그리고 다음에 소리도 없이 문이 열렸다. 그러나 그는 구보의 벗이 아니었다. 뿐만 아니라, 두 사람의 시선이 마주쳤을 때, 두 사람은 거의 일시에 머리를 돌리고, 그리고 구보는 그의 고요한 마음 속에 음울을 갖는다.

그 사나이와

구보는 일찍이 인사를 한 일이 있었다. 그러나 그것은 공교롭게 어두운 거리에서였다. 한 벗이 그를 소개하였다. 말씀은 많이 들었습니다, 하고 그는 말하였었다. 사실 그는 구보의 이름과 또 얼굴을 전부터 알고 있었던 것임에 틀림없었다. 그러나 구보는, 구보는 그를 몰랐다. 모른 채 어두운 곳에서 그대로 헤어져 버린 구보는 뒤에 그를 만나도 그를 그라고 알아내지 못하였다. 그 사나이는 구보가 자기를 보고도 알은 체 안 하는 것에 응당 모욕을 느꼈을 게다. 자기를 자기라 알고도 모르는 체하는 것이라 생각할 때, 그의 마음은 평온할 수 없었을 게다. 그러나 구보는, 구보는 몰랐고, 모르면 태연할 수 있다. 자기를 볼 때마다 황당하게, 또 불쾌하게 시선을 돌리는 그 사나이를, 구보는 오직 괴이하게만 여겨 왔다. 괴이하게만 여겨 오는 동안은 그래도 좋았다. 마침내 구보가 그를 그라고 알아낼 수 있었을 때, 그것은 그의 마음에 암영을 주었다. 그 뒤부터 구보는 그 사나이와 시선이 마주치면, 역시 당황하게, 그리고 불안하게 고개를 돌리는 수밖에 없었다. 그것은 사람의 마음을 우울하게 하여 놓는다. 구보는 다방 안의 한 구획을 그의 시야 밖에 두려 노력하며, 사람과 사람 사이의 교섭의 번거로움을 새삼스러이 느끼지 않으면 안 된다.

구보는 백동화를 두 푼, 탁자 위에 놓고, 그리고 공책을 들고 그 안을 나왔다. 어디로 ——. 그는 우선 부청* 쪽으로 향하여 걸으며, 아무튼 벗의 얼굴이 보고 싶다, 생각하였다. 구보는 거리의 순서로 벗들을 마음 속에 헤아려 보았다. 그러나 이 시각에 집에 있을 사람은 하나도 없을 듯싶었다. 어디로 ——. 구보는 한길 위에 서서, 넓은 마당 건너 대한문을 바라본다. 아동 유원지 유동 의자에라도 앉아서…… 그러나 그 빈약함, 너무나 빈약함 역시 사람의 마음을 우울하게 하여 주는 것임에 틀림없었다.

구보가 다 탄 담배를 길 위에 버렸을 때, 그의 옆에 아이가 와 선다. 그는 구보가 다방에 놓아 둔 채 잊어버리고 나온 단장을 들고 있었다. 고맙다. 구보는 그렇게도 방심한 제 자신을 쓰게 웃으며, 달음질하여 다방으로 돌아가는 아이의 뒷모양을 이윽히 바라보고 있다가, 자기도 그 길을 되걸어갔다. 다방 옆 골목 안. 그 곳에서 젊은 화가는 골동점을 경영하고 있었다. 구보는 그 방면에 대한 지식을 갖지 않는다. 그러나

---

* 부청 지금의 서울 시청.

하여튼 그것은 그의 취미에 맞았고, 그리고 기회 있으면 그 방면의 이야기를 듣고 싶다, 생각한다. 온갖 지식이 소설가에게는 필요하다.

그러나 벗은 전(가게)에 있지 않았다. 바로 지금 나가셨습니다. 그리고 기둥에 걸린 시계를 쳐다보며,

"한 십 분 됐을까요."

점원은 덧붙여 말하였다. 구보는 골목을 전찻길로 향하여 걸어 나오며, 그 십 분이란 시간이 얼마만한 영향을 자기에게 줄 것인가, 생각한다. 한길 위에 사람들은 바쁘게 또 일있게 오고갔다. 구보는 포도 위에 서서 문득, 자기도 창작을 위하여 어디, 예를 들면 서소문정 방면이라도 답사할까 생각한다. '모더놀로지오*'를 게을리하기 이미 오래다.

그러나 그러한 생각과 함께 구보는 격렬한 두통을 느끼며, 이제 한 걸음도 더 옮길 수 없을 것 같은 피로를 전신에 깨닫는다. 구보는 얼마 동안을 망연히 그 곳 한길 위에 서 있었다…….

얼마 있다

구보는 다시 걷기로 한다. 여름 한낮의 죄약볕(뙤약볕)이 맨머리 바람의 그에게 현기증을 주었다. 그는 그 곳에 더 그렇게 서 있을 수 없다. 신경 쇠약. 그러나 물론, 쇠약한 것은 그의 신경뿐이 아니다. 이 머리를 가져, 이 몸을 가져, 대체 얼마만한 일을 나는 하겠단 말인고 ——. 때마침 옆을 지나는 장년의, 그 정력가형 육체와 탄력 있는 걸음걸이에 구보는 일종 위압조차 느끼며, 문득 아홉 살 적에 집안 어른의 눈을 기어* 춘향전을 읽었던 것을 뉘우친다. 어머니를 따라 일가집에 갔다 와

---

* 모더놀로지오(modernnologio) 고현학. 현대의 풍속이나 세태를 계통적으로 조사, 연구하여 현대의 진상을 분명히 밝힘으로써 장차 발전에 바탕이 되게 하려는 학문.
* 기다 '기이다'의 준말. 어떤 일을 숨기고 바른대로 말하지 않다.

서, 구보는 저도 얘기책이 보고 싶다 생각하였다. 그러나 집안에서는 그것을 금했다. 구보는 남몰래 안잠재기에게 문의하였다. 안잠재기는 관세책집에는 어떤 책이든 있다는 것과, 일 원이면 능히 한 권을 세내 올 수 있음을 말하고, 그러나 꾸중들우 ──. 그리고 다음에, 재밌긴 춘향전이 제일이지, 그렇게 그는 혼자말을 하였었다. 한 푼의 동전과 한 개의 주발 뚜껑. 그것들이, 십칠 년 전의 그것들이, 뒤에 온, 그리고 또 올, 온갖 것의 근원이었을지도 모른다. 자기 전에 읽던 얘기책들. 밤을 새워 읽던 소설책들. 구보의 건강은 그의 소년 시대에 결정적으로 손상되었던 것임에 틀림없다…….

변비, 요의빈삭, 피로, 권태, 두통, 두중, 두압, 모리다 마사바 박사의 단련 요법……. 그러한 것은 어떻든, 보잘것없는, 아니, 그 살풍경하고 또 어수선한 태평통의 거리는 구보의 마음을 어둡게 한다. 그는 저 불결한 고물상들을 어떻게 이 거리에서 쫓아낼 것인가를 생각하며, 문득 반자*의 무늬가 눈에 시끄럽다고, 양지*로 반자를 발라 버렸던 서해도 역시 신경 쇠약이었음에 틀림없다고, 이름 모를 웃음을 입가에 띄어 보았다. 서해의 너털웃음. 그것도 생각하여 보면 역시 공허한, 적막한 음향이었다.

구보는 고인에게서 받은 〈홍염〉을, 이제도록 한 페이지도 들춰 보지 않았던 것을 생각해 내고, 그리고 딱한 표정을 지었다. 그가 읽지 않은 것은 오직 서해의 작품뿐이 아니다. 독서를 게을리하기 이미 삼 년, 언젠가 구보는 지식의 고갈을 느끼고 악연하였다.

갑자기 한 젊은이가 구보의 시야에 들어왔다. 그는 구보가 향하여 걸어가고 있는 곳에서 왔다. 구보는 그를 어디서 본 듯싶었다. 자기가 마땅히 알아보아야만 할 사람인 듯싶었다. 마침내 두 사람의 거리가 한

---

* 반자 지붕 밑이나 위층 바닥 밑을 편평하게 하여 치장한 각 방의 천장.
* 양지 서양식 제지법에 의해 기계로 뜬 종이.

간통으로 단축되었을 때, 문득 구보는 어린 시절을 회상하고, 그리고 그곳에 옛 동무를 발견한다. 그리운 옛 시절. 그리운 옛 동무. 그들은 보통학교를 나온 채 이제도록 한 번도 못 만났다. 그래도 구보는 그 동무의 이름까지 기억 속에서 찾아낸다. 그러나 옛 동무는 너무나 영락하였다*.

모시 두루마기에 흰 고무신, 오직 새로운 맥고자를 쓴 그의 행색은 너무나 초라하다. 구보는 망설인다. 그대로 모른 체하고 지날까. 옛 동무는 분명히 자기를 알아본 듯싶었다. 그리고 구보가 자기를 알아볼 것을 두려워하는 듯싶었다. 그러나 마침내 두 사람이 서로 지나치는 그 마지막 순간을 포착하여 구보는 용기를 내었다.

"이거 얼마만이야, 유 군."

그러나 벗은 순간에 약간 얼굴조차 붉히며,

"네, 참 오래간만입니다."

"그동안 서울에 늘 있었어?"

"네."

구보는 다음에 간신히,

"어째서 그렇게 뵈올 수 없었세요?"

한 마디를 하고, 그리고 서운한 감정을 맛보며, 그래도 또 무슨 말이든 하고 싶다 생각할 때, 그러나 벗은 그만 실례합니다, 그렇게 말하고 그리고 구보의 앞을 떠나 저 갈 길을 가 버린다. 구보는 잠깐 그 곳에 섰다가 다시 고개 숙여 걸으며 울 것 같은 감정을 스스로 억제하지 못한다.

조그만

한 개의 기쁨을 찾아, 구보는 남대문을 안에서 밖으로 나가 보기로

---

* **영락하다** 세력이나 살림이 줄어들어 보잘것없이 되다.

한다. 그러나 그 곳에는 불어드는 바람도 없이 양옆에 웅숭그리고 앉아 있는 서너 명의 지게꾼들의 그 모양이 맥없다.

구보는 고독을 느끼고 사람들 있는 곳으로, 약동하는 무리들의 있는 곳으로 가고 싶다 생각한다. 그는 눈앞에 경성역을 본다. 그 곳에는 마땅히 인생이 있을 게다. 이 낡은 서울의 호흡과 또 감정이 있을 게다. 도회의 소설가는 모름지기 이 도회의 항구와 친하여야 한다. 그러나 물론 그러한 직업 의식은 어떻든 좋았다. 다만 구보는 고독을 삼등 대합실 군중 속에 피할 수 있으면 그만이다.

그러나 오히려 고독은 그 곳에 있었다. 구보가 한옆에 끼여앉을 수도 없게스리 사람들은 그 곳에 빽빽하게 모여 있어도, 그들의 누구에게서도 인간 본래의 온정을 찾을 수는 없었다. 그네들은 거의 옆에 사람에게 한 마디 말을 건네는 일도 없이, 오직 자기네들 사무에 바빴고, 그리고 간혹 말을 건네도, 그것은 자기네가 타고 갈 열차의 시각이나 그러한 것에 지나지 않았다. 그네들의 동료가 아닌 사람에게 그네들은 변소에 다녀올 동안의 그네들 짐을 부탁하는 일조차 없었다. 남을 결코 믿지 않는 그네들의 눈은 보기에 딱하고 또 가엾었다.

구보는 한구석에 가 서서, 그의 앞에 있는 노파를 본다. 그는 뉘집에 드난*을 살다가 이제 늙고 또 쇠잔한 몸을 이끌어, 결코 넉넉하지 못한 어느 시골, 딸네 집이라도 찾아가는지 모른다. 이미 굳어 버린 그의 안면 근육은 어떠한 다행한 일에도 펴질 턱 없고, 그리고 그의 몽롱한 두 눈은 비록 그의 딸의 그지없는 효양을 가지고도 감동시킬 수 없을지 모른다. 노파 옆에 앉은 중년의 시골 신사는 그의 시골서 조그만 백화점을 경영하고 있을 게다. 그의 점포에는 마땅히 주단 포목도 있고, 일용 잡화도 있고, 또 흔히 쓰이는 약품도 갖추어 있을 게다. 그는 이제 그의

---

* 드난 임시로 남의 집 행랑에서 붙어 지내며 그 집의 일을 도와 줌. 또는 그런 사람.

옆에 놓인 물품을 들고 자랑스러이 차에 오를 게다. 구보는 그 시골 신사가 노파와 사이에 되도록 간격을 가지려고 노력하는 것을 발견하고, 그리고 그를 업신여겼다. 만약 그에게 옅은 지혜와 또 약간의 용기를 주면 그는 삼등 승차권을 주머니 속에 간수하고 일, 이등 대합실에 오만하게 자리잡고 앉을 게다.

문득 구보는 그의 얼굴에 부종을 발견하고 그의 앞을 떠났다. 신장염. 그뿐 아니라, 구보는 자기 자신의 만성위확장을 새삼스러이 생각해 내지 않으면 안 되었다. 그러나 구보가 매점 옆에까지 갔었을 때, 그는 그 곳에서도 역시 병자를 보지 않으면 안 되었다. 사십여 세의 노동자. 전경부의 광범한 팽륭. 돌출한 안구. 또 손의 경미한 진동. 분명한 '바세도우' 씨 병. 그것은 누구에게 결코 깨끗한 느낌을 주지는 못한다. 그의 좌우에는 좌석이 비어 있어도 사람들은 그 곳에 앉으려 들지 않는다. 뿐만 아니라, 그에게서 두 간통 떨어진 곳에 있던 아이 업은 젊은 아낙네가 그의 바스켓 속에서 꺼내다 잘못하여 시멘트 바닥에 떨어뜨린 한 개의 복숭아가 굴러 병자의 발 앞에까지 왔을 때, 여인은 그것을 쫓아와 집기를 단념하기조차 하였다.

구보는 이 조그만 사건에 문득 흥미를 느끼고, 그리고 그의 '대학 노트'를 펴 들었다. 그러나 그가 문 옆에 기대어 섰는 캡 쓰고 린네르 즈메에리 양복 입은 사나이의, 그 온갖 사람에게 의혹을 갖는 두 눈을 발견하였을 때, 구보는 또다시 우울 속에 그 곳을 떠나지 않으면 안 된다.

개찰구 앞에

두 명의 사나이가 서 있었다. 낡은 파나마*에 모시 두루마기, 노랑

---

*파나마 파나마모자. 파마나풀의 잎을 얇게 쪼개어 만든 여름 모자.

구두를 신고, 그리고 손에 조그만 보따리 하나도 들지 않은 그들을, 구보는 확신을 가져 무직자라고 단정한다. 그리고 이 시대의 무직자들은 거의 다 금광 브로커에 틀림없었다. 구보는 새삼스러이 대합실 안팎을 둘러본다. 그러한 인물들은 이 곳에도 저 곳에도 눈에 띄었다.

황금광 시대 ──.

저도 모를 사이에 구보의 입술에서 무거운 한숨이 새어나왔다. 황금을 찾아, 황금을 찾아, 그것도 역시 숨김없는 인생의, 분명히 일면이다. 그것은 적어도, 한 손에 단장과 또 한 손에 공책을 들고, 목적 없이 거리로 나온 자기보다는 좀더 진실한 인생이었을지도 모른다. 시내에 산재한 무수한 광무소. 인지대 백 원. 열람비 오 원. 수수료 십 원. 지도대 십팔 전…… 출원 등록된 광구, 조선 전토의 칠 할. 시시각각으로 사람들은 졸부가 되고, 또 몰락하여 갔다. 황금광 시대. 그들 중에는 평론가와 시인, 이러한 문인들조차 끼여 있었다. 구보는 일찍이 창작을 위하여 그의 벗의 광산에 가 보고 싶다 생각하였다. 사람들의 사행심, 황금의 괴력, 그러한 것들을 구보는 보고, 느끼고, 하고 싶었다. 그러나 고도의 금광열은, 오히려 총독부 청사, 동척 최고층, 광무와 열람실에서 볼 수 있었다…….

문득 한 사나이가 둥글넓적한, 그리고 또 비속한 얼굴에 웃음을 띠고, 구보 앞에 그의 모양 없는 손을 내민다. 그도 벗이라면 벗이었다. 중학 시대의 열등생. 구보는 그래도 약간 웃음에 가까운 표정을 지어 보이고, 그리고 단장 든 손을 그대로 내밀어 그의 손을 가장 엉성하게 잡았다. 이거 얼마 만이야. 어디 가나. 응, 자네는 ──.

구보는 친하지 않은 사람에게 '자네' 소리를 들으면 언제든 불쾌하였다. '해라'는, 해라는 오히려 나왔다. 그 사나이는 주머니에서 금시계를 꺼내 보고, 다음에 구보의 얼굴을 쳐다보며, 저기 가서 차라도 안 먹으려나. 전당포집의 둘째아들. 구보는 그러한 사나이와 자리를 같이하여 차를 마실 생각은 없었다. 그러나 그러한 경우에 한 개의 구실을 지어, 그 호의를 사절할 수 있도록 구보는 용감하지 못하다. 그 사나이는 앞장을 섰다. 자 —— 그럼 저리로 가지. 그러나 그것은 구보에게만 한 말이 아니었다. 구보는 자기 뒤를 따라오는 한 여성을 보았다. 그는 한 번 흘낏 보기에도 한 사나이의 애인 된 퇴가 있었다. 어느 틈엔가 이런 자도 연애를 하는 시대가 왔나. 새삼스러이 그 천한 얼굴이 쳐다보였으나, 그러나 서정 시인조차 황금광으로 나서는 때다.

의자에 가 가장 자신 있이 앉아, 그는 주문 들으러 온 소녀에게, 나는 가루삐스(칼피스: 음료의 한 가지). 그리고 구보를 향하여, 자네두 그걸루 하지. 그러나 구보는 거의 황급하게 고개를 흔들고, 나는 홍차나 커피로 하지. 음료 칼피스를, 구보는 좋아하지 않는다. 그것은 외설한 색채를 갖는다. 또 그 맛은 결코 그의 미각에 맞지 않았다. 구보는 차를 마시며, 문득 끽다점(다방)에서 사람들이 취하는 음료를 가지고, 그들의 성격, 교양, 취미를 어느 정도까지는 알 수 있을 것이 아닌가, 하고 생각하여 본다. 그리고 그것은 동시에, 그네들의 그때 그때의 기분조차 표현하고 있을 게다. 구보는 맞은편에 앉은 사나이의, 그 교양없는 이야기에 건성으로 맞장구를 치며, 언제든 그러한 것을 연구하여 보리라 생각한다.

월미도로

놀러 가는 듯싶은 그들과 헤어져 구보는 혼자 역 밖으로 나온다. 이러한 시각에 떠나는 그들은 적어도 오늘 하루를 그 곳에서 묵을 게다. 구보는 문득, 여자의 발가숭이를 아무 거리낌없이 애무할 그 남자의, 야비한 웃음으로 하여 좀더 추악해진 얼굴을 눈앞에 그려 보고, 그리고 마음이 편안하지 못했다.

여자는, 여자는 확실히 어여뻤다. 그는 혹은, 구보가 이제까지 어여쁘다고 생각하여 온 온갖 여인들보다도 좀더 어여뻤을지도 모른다. 그뿐 아니다. 남자가 같이 '가루삐스'를 먹자고 권하는 것을 물리치고, 한 접시의 아이스크림을 지망할 수 있도록 여자는 총명하였다.

문득, 구보는 그러한 여자가 왜 그자를 사랑하려 드나, 또는 그자의 사랑을 용납하는 것인가 하고, 그런 것을 괴이하게 여겨 본다. 그것은, 그것은 역시 황금 까닭일 게다. 여자들은 그렇게도 쉽사리 황금에서 행복을 찾는다. 구보는 그러한 여자를 가엾이, 또 안타까웁게 생각하다가, 갑자기 그 사나이의 재력을 탐내 본다. 사실, 같은 돈이라도 그 사나이에게 있어서는 헛되이, 그리고 또 아까웁게 소비되어 버릴 게다. 그는 날마다 기름진 음식이나 실컷 먹고, 살찐 계집이나 즐기고, 그리고 아무 앞에서나 그의 금시계를 꺼내 보고는 만족하여할 게다.

일순간, 구보는 그 사나이의 손으로 소비되어 버리는 돈이, 원래 자기의 것이나 되는 것같이 입맛을 다셔 보았으나, 그 즉시 그러한 제 자신을 픽 웃고, 내가 언제부터 이렇게 돈에 걸신이 들렸누…… 단장 끝으로 구두코를 탁 치고, 그리고 좀더 빠른 걸음걸이로 전차 선로를 횡단하여, 구보는 포도 위를 걸어갔다.

그러나 여자는, 여자는 확실히 어여뻤고, 그리고 또…… 구보는 갑자기, 그 여자가 이미 오래 전부터 그자에게 몸을 허락하여 온 것이나 아닐까, 생각하였다. 그것은 생각만 하여 볼 따름으로 그의 마음을 언짢게 하여 준다. 역시 여자는 결코 총명하지 못했다. 또 생각하여 보면, 어딘지 모르게 저속한 맛이 있었다. 결코 기품 있는 인물은 아니다. 그저 좀 예쁠 뿐……. 그러나 그 여자가 그자에게 쉽사리 미소를 보여 주었다고 새삼스러이 여자의 값어치를 깎을 필요는 없었다. 남자는 여자의 육체를 즐기고, 여자는 남자의 황금을 소비하고, 그리고 두 사람은 충분히 행복일 수 있을 게다. 행복이란 지극히 주관적인 것이다…….

어느 틈엔가 구보는 조선은행 앞에까지 와 있었다. 이제 이대로, 이

대로 집으로 돌아갈 마음은 없었다. 그러면 어디로 —— 구보가 또다시 고독과 피로를 느꼈을 때, 약칠해 신으시죠, 구두에. 구보는 경악의 눈을 가져 그 사나이를, 남의 구두만 항상 살피며 그 곳에 무엇이든 결점을 잡아내고야 마는 그 사나이를 흘겨보고, 그리고 걸음을 옮겼다. 일면식*도 없는 나의 구두를 비평할 권리가 그에게 있기라도 하단 말인가. 거리에서 그에게 온갖 종류의 불유쾌한 느낌을 주는, 온갖 종류의 사물을 저주하고 싶다, 생각하며, 그러나 문득 구보는 이러한 때, 이렇게 제 몸을 혼자 두어 두는 것에 위험을 느낀다.

누구든 좋았다. 벗과, 벗과 같이 있을 때, 구보는 얼마쯤 명랑할 수 있었다. 혹은 명랑을 가장할 수 있었다.

마침내 그는 한 벗을 생각해 내고, 길가 양복점으로 들어가 전화를 빌렸다. 다행하게도 벗은 아직 사에 남아 있었다. 바로 지금 나가려든 차야 하고, 그는 말했다. 구보는 그에게 부디 다방으로 와 주기를 청하고, 그리고 잠깐 또 할 말을 생각하다가, 저편에서 전화를 끊어 버릴 것을 염려하여, 당황하게 덧붙여 말했다.

"꼭 좀, 곧 좀, 오 ——."

다행하게도

다시 돌아간 다방 안에 사람들은 많지 않았다. 또 문득 생각하고 둘러보아, 그 벗도 아닌 벗도 그 곳에 있지 않았다. 구보는 카운터 가까이 자리를 잡고 앉아, 마침 자기가 사랑하는 '스키퍼'의 〈아이 아이 아이〉를 들려 주는 이 다방에 애정을 갖는다. 그것이 허락받을 수 있는 것이라면 그는 지금 앉아 있는 등의자를 안락의자로 바꾸어, 감미한 오수*

---

* 일면식 한 번 만난 적이 있어 얼굴을 알고 있는 일.
* 오수 낮잠.

를 즐기고 싶다 생각한다. 이제 그는 그의 앞에 아까의 신기료 장수*를 보더라도, 고요한 마음을 가져 그를 용납하여 줄 수 있을 게다.

조그만 강아지가 저편 구석에 앉아, 토스트를 먹고 있는 사나이의 그리 대단하지도 않은 구두코를 핥고 있었다. 그 사나이는 발을 뒤로 물리며, 쉬 —— 쉬 —— 강아지를 쫓았다. 강아지는 연해 꼬리를 흔들며 잠깐 그 사나이의 얼굴을 쳐다보다가, 돌아서서 다음 탁자 앞으로 갔다. 그 곳에 앉아 있는 젊은 여자는, 그는 확실히 개를 무서워하는 듯싶었다. 다리를 잔뜩 웅크리고 얼굴빛조차 변하여 가지고, 그는 크게 뜬 눈으로 개의 동정만 살폈다. 개는 여전히 꼬리를 흔들며, 그러나 저를 귀해 주고 안해 주는 사람을 용하게 가릴 줄이나 아는 듯이, 그 곳에 오래 머무르지 않고 또 옆 탁자로 갔다. 그러나 구보가 앉아 있는 자리에서는 그 곳이 잘 안 보였다. 어떠한 대우를 그 가엾은 강아지가 그 곳에서 받았는지 그는 모른다. 그래도 어떻든 만족한 결과는 아니었던 게다. 강아지는 다시 그 곳을 떠나, 이제는 사람들의 사랑을 구하기를 아주 단념이나 한 듯이 구보에게서 한 간통쯤 떨어진 곳에 가 네 발을 쭉 뻗고 모로 쓰러져 버렸다.

강아지의 반쯤 감은 두 눈에는 고독이 숨어 있는 듯싶었다. 그리고 그와 함께, 모든 것에 대한 단념도 그 곳에 있는 듯싶었다. 구보는 그 강아지를 가엾다, 생각한다. 저를 사랑하는 사람이 단 한 사람일지라도 이 다방 안에 있음을 알려 주고 싶다 생각한다. 그는 문득, 자기가 이제까지 한 번도 그의 머리를 쓰다듬어 준다거나, 또는 그가 핥는 대로 손을 맡겨 둔다거나, 그러한 그에 대한 사랑의 표현을 한 일이 없었던 것을 생각해 내고, 손을 내밀어 그를 불렀다. 사람들은 이런 경우에 휘파람을 분다. 그러나 원래 구보는 휘파람을 안 분다. 잠깐 궁리하다가, 마

---

* **신기료 장수** 헌 신을 깁는 일을 직업으로 하는 사람.

침내 그는 개에게만 들릴 정도로 '캄 히어', 하고 말해 본다. 강아지는 영어를 해득*하지 못하는지도 모른다. 머리를 들어 구보를 쳐다보고, 그리고 아무 흥미도 느낄 수 없는 듯이 다시 머리를 떨어뜨렸다. 구보는 의자 밖으로 몸을 내밀어, 조금 더 큰 소리로, 그러나 한껏 부드럽게 또 한 번, '캄 히어', 그리고 그것을 번역하였다. '이리온' —— 그러나 강아지는 먼젓번 동작을 또 한 번 되풀이하였을 따름, 이번에는 입을 벌려 하품 비슷한 짓을 하고 아주 눈까지 감는다.

구보는 초조와 또 일종의 분노에 가까운 감정을 맛보며, 그래도 그것을 억제하고, 이번에는 완전히 의자에서 떠나 그의 머리를 쓰다듬어 주려 하였다. 그러나 그보다도 먼저 강아지는 진저리치게 놀라 몸을 일으켜, 구보에게 향하여 적대적 자세를 취하고, 캥 캐캥하고 짖고, 그리고 제풀에 질겁을 하여 카운터 뒤로 달음질쳐 들어갔다.

구보는 저도 모르게 얼굴을 붉히고, 그 강아지의 방정맞은 성정을 저주하며 수건을 꺼내어, 땀도 안 난 이마를 두루 씻었다. 그리고 그렇게까지 당부하였건만, 곧 와 주지 않는 벗에게조차 그는 가벼운 분노를 느끼지 않으면 안 된다.

마침내

벗이 왔다. 그렇게 늦게 온 벗을 구보는 책망할까 하고 생각하여 보았으나, 그보다 먼저 진정 반가워하는 빛이 그의 얼굴에 떠올랐다. 사실, 그는 지금 벗을 가진 몸의 다행함을 느낀다. 그 벗은 시인이었음에도 불구하고, 극히 건장한 육체와 또 먹기 위하여 어느 신문사 사회부 기자의 직업을 가지고 있었다. 그것이 때로 구보에게 애달픔을 주지 않

---

* 해득 깨우쳐 알다.

는 것은 아니다. 그래도, 그래도 그와 대하여 있으면 구보는 마음 속에 밝음을 가질 수 있었다.

"나, 소다스이를 다우."

벗은 즐겨 음료 조달수(소다수, 탄산수)를 취하였다. 그것은 언제든 구보에게 가벼운 쓴웃음을 준다. 그러나 물론 그것은 적어도 불쾌한 감정은 아니다. 다방에 들어오면, 여학생이나 같이 조달수를 즐기면서도, 그래도 벗은 조선 문학 건설에 가장 열의를 가지고 있었다. 그러한 그가 하루에 두 차례씩 종로서와 도청과 또 체신국엘 들르지 않으면 안 되었던 것은 한 개의 비참한 현실이었을지도 모른다. 마땅히 시를 초하여야만 할 그의 만년필을 가지고, 그는 매일같이 살인 강도와 방화 범인의 기사를 쓰지 않으면 안 되었다. 그래 이렇게 제 자신의 시간을 가지면 그는 억압당하였던 그의 문학에 대한 열정을 쏟아 논다……

오늘은 주로 구보의 소설에 대하여서였다. 그는 즐겨 구보의 작품을 읽는 사람의 하나이다. 그리고 또 즐겨 구보의 작품을 비평하려 드는 독지가였다. 그러나 그의 그러한 호의에도 불구하고, 구보는 자기 작품에 대한 그의 의견에 그다지 신용을 두고 있지 않았다. 언젠가, 벗은 구보의 그리 대단하지 않은 작품을 오직 한 개 읽었을 따름으로, 구보를 완전히 알 수나 있었던 것같이 생각하고 있는 듯싶었다.

오늘은 그러나 구보는 그의 말에 귀를 기울이지 않으면 안 된다. 벗은 요사이 구보가 발표하고 있는 작품을 가리켜서 작자가 그의 나이 분수보다 엄청나게 늙었음을 말했다. 그러나 그뿐이면 좋았다. 벗은 또 작자가 정말 늙지는 않았고, 오직 늙음을 가장하였을 따름이라고 단정하였다. 혹은 그럴지도 모른다. 구보에게는 그러한 경향이 있었을지도 모른다. 그리고 다시 돌이켜 생각하면, 그것이 오직 가장에 그치고, 그리고 작자가 정말 늙지 않았음은, 오히려 구보가 기꺼하여 마땅할 일일 게다. 그러나 구보는 그의 작품 속에서 젊을 수가 없었을지도 모른다.

그가 만약 구태여 그러려 하면, 벗은 이번에는 작자가 무리로 젊음을 가장하였다고 말할 게다. 그리고 그것은 틀림없이 구보의 마음을 슬프게 하여 줄 게다…….

어느 틈엔가 구보는 그 화제에 권태를 깨닫고, 그리고 저도 모르게 '다섯 개의 임금' 문제를 풀려 들었다. 자기가 완전히 소유한 다섯 개의 임금을 대체 어떠한 순차로 먹어야만 마땅할 것인가. 그것에는 우선 세 가지의 방법이 있을 게다. 그 중 맛있는 놈부터 차례로 먹어 가는 법. 그것은, 언제든 그 중에 맛있는 놈을 먹고 있다는 기쁨을 우리에게 줄 게다. 그러나 그것은 혹은 그 결과가 비참하지나 않을까. 이와 반대로, 그 중 맛없는 놈부터 차례로 먹어 가는 법. 그것은 점입가경, 그러면 안 되는 셈이다. 또 계획 없이 아무거나 집어먹는 법, 그것은…….

구보는 맞은편에 앉아, 그의 문학론에 앙드레 지드의 말을 인용하고 있던 벗을, 갑자기 이 유민*다운 문제를 가져 어이없게 만들어 주었다. 벗은 대체 그 다섯 개의 임금이 문학과 어떤 교섭을 갖는가 의혹하며, 자기는 일찍이 그러한 문제를 생각하여 본 일이 없노라 말하고,

"그래, 그것이 어쨌단 말이야."

"어쩌기는 무에 어째."

그리고 구보는 오늘 처음으로 명랑한, 혹은 명랑을 가장한 웃음을 웃었다.

문득

창밖 길가에, 어린애 울음소리가 들린다. 그것은 울음소리에는 틀림없었다. 그러나 어린애의 것보다는 오히려 짐승의 소리에 가까웠다. 구

＊유민 직업 없이 놀고 지내는 사람.

보는 〈율리시즈〉를 논하고 있는 벗의 탁설*에는 상관없이, 대체 누가 또 죄악의 자식을 낳았누, 하고 생각한다.

가엾은 벗이 있었다. 그는, 어렸을 때부터 그렇게 불행하였던 그는, 온갖 고생을 겪지 않으면 안 되었었고, 또 그렇게 경난한* 사람이었던 까닭에, 벗과의 사귐에 있어서도 가장 관대한 품이 있었다. 그는 거의 구보의 친구였다. 그러나 그에게는 남자로서의 가장 불행한 약점이 있었다. 그의 앞에서 구보가 말을 한다면, '다정다한', 이러한 문자를 사용할 게다. 그러나 그것은 한 개의 수식에 지나지 않았고, 그 벗의 통제를 잃은 성본능은 누가 보기에도 진실로 딱한 것임에 틀림없었다. 구보는 왕왕히 그 벗의 여성에 대한 심미안에 의혹을 갖기조차 하였다. 그러나 오히려 그러고 있는 동안은 좋았다. 마침내 비극이 왔다. 그 벗은, 결코 아름답지도 총명하지도 않은 한 여성을 사랑하고, 여자는 또 남자를 오직 하나의 사내라 알았을 때, 비극은 비롯한다. 여자가 어느 날 저녁 남자와 마주 앉아 얼굴조차 붉히고, 그리고 자기가 이미 홀몸이 아님을 고백하였을 때, 남자는 어느 틈엔가 그 여자에게 대하여 거의 완전히 애정을 상실하고 있었다. 여자는 어리석게도 모성됨의 기쁨을 맛보려 하였고, 그리고 남자의 사랑을 좀더 확실히 포착할 수 있을 것 같이 생각하였다. 그러나 남자는 오직 제 자신이 곤경에 빠졌음을 한하고, 그리고 또 그 젊은 어미에게 대한 자기의 책임을 느끼지 않으면 안 되었던 까닭에, 좀더 그 여자를 미워하였을지도 모른다.

여자는 그러나 남자의 변심을 깨닫지 못하였을지도 모른다. 또 설혹 그가 알 수 있었더라도 역시 그 수밖에 없었을지도 모른다. 여자는 돌도 안 된 아이를 안고, 남자를 찾아 서울로 올라왔다. 그러나 그 곳에는 그들 모자를 위하여 아무러한 밝은 길이 없었다. 이미 반생을 고락을

＊탁설 뛰어난 논설이나 의견.
＊경난하다 어려운 일을 겪다.

같이하여 온 아내가 남자에게는 있었고, 또 그와 견주어 볼 때, 이 가정의 침입자는 어떠한 점으로든 떨어졌다. 특히 아이와 아이를 비하여 볼 때 그러하였다. 가엾은 사생자는 나이 분수보다 엄청나게나 거대한 체구와 또 치매적 안모*를 가지고 있었다. 그러나 그것만이라면 오히려 좋았다. 한번 그 아이의 울음소리를 들을 수 있었을 때, 사람들은 가장 언짢고 또 야릇한 느낌을 갖지 않으면 안 되었다. 그것은 결코 사람의 아이의 울음이 아니었다. 그것은 그들의, 특히 남자의 죄악에 진노한 신이, 그 아이의 비상한 성대를 빌려, 그들의, 특히 남자의 죄악을 규탄하고, 또 영구히 저주하는 것인 것만 같았다……

구보는 그저 〈율리시즈〉를 논하고 있는 벗을 깨닫고, 불쑥 그야 '제임스 조이스'의 새로운 시험에는 경의를 표하여야 마땅할 게지. 그러나 그것이 새롭다는, 오직 그 점만 가지고 과중 평가를 할 까닭이야 없지. 그리고 벗이 그 말에 대하여 항의를 하려 하였을 때, 구보는 의자에서 몸을 일으키어 벗의 등을 치고, 자 —— 그만 나갑시다.

그들이 밖에 나왔을 때, 그 곳에 황혼이 있었다. 구보는 이 시간에, 이 거리에 맑고 깨끗함을 느끼며, 문득 벗을 돌아보았다.

"이제 어디로 가?"

"집으루 가지."

벗은 서슴지 않고 대답하였다. 구보는 대체 누구와 이 황혼을 지내야 할 것인가 망연하여한다.

전차를 타고

벗은 이내 집으로 돌아가고 말았다. 집이 아니다. 여사(여관)였다. 주인

---

*치매적 안모 정상적인 정신 능력을 잃어버린 상태의 얼굴 생김새.

집 식구말고 아무도 없을 여사로, 그는 그렇게 저녁 시간을 맞추어 가야만 할까. 만약 그것이 단지 저녁밥을 먹기 위하여서의 일이라면…….

"지금부터 집엘 가서 무얼 할 생각이오?"

그러나 그것은 물론 어리석은 물음이었다. '생활'을 가진 사람은 마땅히 제 집에서 저녁을 먹어야 할 게다. 벗은 구보와 비겨볼 때, 분명히 생활을 가지고 있었다.

하루의 대부분을 속무에 헤매지 않으면 안 되었던 그는, 이제 저녁 후의 조용한 제 시간을 가져 독서와 창작에서 기쁨을 찾을 게다. 구보는, 구보는 그러나 요사이 그 기쁨을 못 갖는다.

어느 틈엔가 구보는 종로 네거리에 서서, 그 곳에 황혼과 또 황혼을 타서 거리로 나온 노는 계집의 무리들을 본다. 노는 계집들은 오늘도 무지를 싸고 거리에 나왔다. 이제 곧 밤은 올 게요 그리고 밤은 분명히 그들의 것이었다. 구보는 포도 위에 눈을 떨어뜨려, 그 곳에 무수한 화려한 또는 화려하지 못한 다리를 보며, 그들의 걸음걸이를 가장 위수로 웁다 생각한다. 그들은 모두가 숙녀화에 익숙하지 못한 것은 아니다. 그러나 그러함에도 불구하고 그들은 모두들 가장 서투르고, 부자연한 걸음걸이를 갖는다. 그들은 역시 '위수로운 것'이라고밖에 말할 수 없는 것임에 틀림없었다.

그들은, 그러나 물론 그런 것을 그네 자신 깨닫지 못한다. 그들의 세상살이의 걸음걸이가 얼마나 불안정한 것인가를 깨닫지 못한다. 그들은 누구나 하나의 인생에 확실한 목표를 가지고 있지 않았으나, 무지는 거의 완전히 그 불안에서 그들의 눈을 가리어 준다.

그러나 포도를 울리는 것은 물론 그들의 가장 불안정한 구두 뒤축뿐이 아니었다. 생활을, 생활을 가진 온갖 사람들의 발끝은 이 거리 위에서 모두 자기네들 집으로 향하여 놓여 있었다. 집으로 집으로, 그들은 그들의 만찬과 가족의 얼굴과 또 하루 고역 뒤의 안위를 찾아 그렇게도

기꺼이 걸어가고 있다. 문득, 저도 모를 사이에 구보의 입술을 새어 나
오는 탁목의 단가 ——.

　　누구나 모두 집 가지고 있다는 애달픔이여
　　무덤에 들어가듯
　　돌아와서 자옵네

　그러나 구보는 그러한 것을 초저녁의 거리에서 느낄 필요는 없다. 아
직 그는 집에 돌아가지 않아도 좋았다. 그리고 좁은 서울이었으나, 밤
늦게까지 헤맬 거리와 들를 처소가 구보에게 있었다.
　그러나 대체 누구와 이 황혼을…… 구보는 거의 자신을 가지고 걷기
시작한다. 벗이 있다. 황혼을, 또 밤을 같이 지낼 벗이 구보에게 있다.
종로경찰서 앞을 지나 하얗고 납작한 조그만 다료*엘 들른다.
　그러나 주인은 없었다. 구보가 다시 문으로 향하여 나오면서, 왜 자
기는 그와 미리 맞추어 두지 않았던가, 뉘우칠 때, 아이가 생각난 듯이
말했다. 참, 곧 돌아오신다구요, 누구 오시거든 기다리시라구요. '누
구' 가 혹은 특정한 인물일지도 모른다. 벗은 혹은 구보와 이제 행동을
같이 할 수 없을지도 모른다. 그래도 사람은 언제든 희망을 가져야 하
고, 달리 찾을 벗을 갖지 아니한 구보는 하여튼 이제 자리에 앉아, 돌아
올 벗을 기다려야 한다.

여자를

　동반한 청년이 축음기에 놓여 있는 곳 가까이 앉아 있었다. 그는 노
는 계집 아닌 여성과 그렇게 같이 앉아 차를 마실 수 있는 것에 득의와
또 행복을 느낄 수 있었는지도 모른다. 그의 육체는 건강하였고, 또 그

의 복장은 화미하였고, 그리고 그의 여인은 그에게 그렇게도 용이하게 미소를 보여 주었던 까닭에, 구보는 그 청년에 엷은 질투와 또 선망을 느끼지 않으면 안 되었다. 그뿐 아니다. 그 청년은 한 개의 인단 용기와, 로도 목약(안약)을 가지고 있는 것에조차 철없는 자랑을 느낄 수 있었던 듯싶었다. 구보는 제 자신 포용력을 가지고 있는 듯싶게 가장하는 일 없이, 그의 명랑성에 참말 부러움을 느낀다.

그 사상에는 황혼의 애수와 또 고독이 혼화되어 있었는지도 모른다. 구보는 극히 음울한 제 표정을 깨닫고, 그리고 이 안에 거울이 없음을 다행하여한다. 일찍이 어느 시인이 구보의 이 심정을 가리켜 독신자의 비애라 하였다. 그러나 그것은 언뜻 그러한 듯싶으면서도 옳지 않았다.

구보가 새로운 사랑을 찾으려 하지 않고, 때로 좋은 벗의 우정에 마음을 의탁하려 한 것은 제법 오랜 일이다…….

어느 틈엔가 그 여자와 축복받은 젊은이는 이 안에서 사라지고, 밤은 완전히 다료 안팎에 왔다. 이제 어디로 가나. 문득, 구보는 자기가 그동안 벗을 기다리면서도 벗을 잊고 있었던 사실에 생각이 미치고, 그리고 호젓한 웃음을 웃었다. 그것은 일찍이, 사랑하는 여자와 마주 대하여 권태와 고독을 느끼었던 것보다도 좀더 애처로운 일임에 틀림없었다.

구보의 눈이 갑자기 빛났다. 참, 그는 그 뒤 어찌 되었을구. 비록 어떠한 종류의 것이든 추억을 갖는다는 것은 사람의 마음을 고요하게, 또 기쁘게 하여 준다.

동경의 가을이다. '간다(일본 도쿄의 한 중심가)' 어느 철물점에서 한 개의 '네일 크리퍼(손톱깍이)'를 구한 구보는 '짐보오오' 그가 가끔 드나드는 끽다점(찻집)을 찾았다. 그러나 그것은 휴식을 위함도, 차를 먹기 위함도 아니었던 듯싶다. 오직 오늘 새로 구한 것으로 손톱을 깎기 위함이어서만인지도 몰랐다. 그 중 구석진 테이블. 그 중 구석진 의자. 통속 작가들이 즐겨 취급하는 종류의 로맨스의 발단이 그 곳에 있었다.

광선이 잘 안 들어오는 그 곳 마룻바닥에서 구보의 발길에 차인 것. 한 권 대학 노트에는 윤리학 석 자와 임 자가 든 성명이 기입되어 있었다.

그것은 일종의 죄악일 게다. 그러나 젊은이들에게 그만한 호기심은 허락되어도 좋다. 그래도 구보는 다른 좌석에서 잘 안 보이는 위치에 노트를 놓고, 그리고 손톱을 깎을 것도 잊고 있었다.

제1장 서론. 제1절 윤리학의 정의. 2. 규범 과학. 제2장 본론. 도덕 판단의 대상. C 동기설과 결과설. 예1. 빈가의 자손이 효양을 위해서 절도함. 2. 허영심을 만족키 위한 자선 사업. 제2학기. 3. 품성 형성의 요소. 1. 의지 필연론⋯⋯.

그리고 여백에 연필로, 그러나 수치심은 사랑의 상상 작용에 조력을 준다. 이것은 사랑에 생명을 주는 것이다. 스탕달*의 〈연애론〉의 1절. 그리고는 연락 없이, 서부 전선 이상 없다. 요시야 노부코. 아쿠타가와 류노스케. 어제 어디 갔었니. 〈라부파레드〉를 보았니. ⋯⋯이런 것들이 씌어 있었다. 다료의 주인이 돌아왔다. 아, 언제 왔소, 오래 기다렸소. 무슨 좋은 소식 있소. 구보는 대답 없이 자리에서 일어나, 노트와 단장을 집어 들고, 저녁 먹으러 나갑시다. 그리고 속으로 지난날의 조그만 로맨스를 좀 더 이어 생각하려 한다.

다료에서

나와 벗과 대창옥으로 향하며, 구보는 문득 대학 노트 틈에 끼여 있었던 한 장의 엽서를 생각하여 본다. 물론 처음에 그는

스탕달

* 스탕달(Stendhal) 프랑스의 소설가로, 대표작에는 〈적과 흑〉이 있다. 그의 작품은 살아서는 거의 인정받지 못했으나 지금은 발자크와 함께 19세기에 나온 프랑스의 최대 작가라 일컬어진다(1783~1842).

망설였다. 그러나 여자의 숙소까지를 알 수 있었으면서도 그 한 기회에서 몸을 피할 수는 없었다. 그는 우선 젊었고, 또 그것은 흥미있는 일이었다. 소설가다운 온갖 망상을 즐기며, 이튿날 아침 구보는 이내 여자를 찾았다. 우시코미구 야라이초(도쿄의 동네 이름). 주인집은 그의 신조사 근처에 있었다. 인품 좋은 주인 여편네가 나왔다 들어간 뒤, 현관에 나온 노트 주인은 분명히…… 그들이 걸어가고 있는 쪽에서 미인이 왔다. 그들을 보고 빙그레 웃고, 그리고 지났다. 벗의 다료 옆, 카페 여급. 벗이 돌아보고 구보의 의견을 청하였다. 어때, 예쁘지. 사실, 여자는 이러한 종류의 계집으로서는 드물게 어여뻤다. 그러나 그는 이 여자보다 좀더 아름다웠던 것임에 틀림없었다.

어서 옵쇼. 설렁탕 두 그릇만 주——. 구보가 노트를 내어놓고, 자기의 실례에 가까운 심방*에 대한 변해*를 하였을 때, 여자는 순간에 얼굴이 붉어졌었다. 모르는 남자에게 정중한 인사를 받은 까닭만이 아닐 게다. 어제 어디 갔었니. 요시야 노부코. 구보는 문득 그런 것들을 생각해 내고, 여자 모르게 빙그레 웃었다. 맞은편에 앉아, 벗은 숟가락 든 손을 멈추고 빤히 구보를 바라보았다. 그 눈은 무슨 생각을 하고 있느냐, 물었는지도 모른다. 구보는 생각의 비밀을 감추기 위하여 의미 없이 웃어 보였다. 좀 놀러 오세요. 여자는 그렇게 말하였었다. 말로는 태연하게, 그러면서도 그의 볼은 역시 처녀답게 붉어졌다. 구보는 그의 말을 쫓으려다 말고 불쑥, 같이 산책이라도 안 하시렵니까, 볼일 없으시면. 그 날은 일요일이었고, 여자는 막 어디 나가려던 차인지 나들이옷을 입고 있었다. 통속 소설은 템포가 빨라야 한다. 그 전날, 윤리학 노트를 집어들었을 때부터 이미 구보는 한 개 통속 소설의 작자였고 동시에 주인공이었던 것임에 틀림없었다. 그는 여자가 기독교 신자인 경우에는 제 자신 목사의 졸음 오는 설

* 심방 방문하여 찾아 봄.
* 변해 말로 풀어 자세히 밝힘.

교를 들어도 좋다고까지 생각하고 있었다.

여자는 또 한 번 얼굴을 붉히고, 그러나 구보가 만약 볼일이 계시다면, 하고 말하였을 때 당황하게, 아니에요, 그럼 잠깐 기다려 주세요, 그리고 여자는 핸드백을 들고 나왔다. 분명히 자기를 믿고 있는 듯싶은 여자 태도에 구보는 자신을 갖고, 참, 이번 주일에 무장야관 구경하셨습니까. 그리고 그와 함께 그러한 자기가 할 일 없는 불량 소년같이 생각되고, 또 만약 여자가 그렇게도 쉽사리 그의 유인에 빠진다면, 그것은 아무리 통속 소설이라도 독자는 응당 작자를 신용하지 않을 게라고 속으로 싱거웁게 웃었다. 그러나 설혹 그렇게도 쉽사리 여자가 그를 좇더라도 구보는 그것을 경박하다고 생각하고 싶지 않았다. 그것에는 경박이란 문자는 맞지 않을 게다. 구보의 자부심으로서는 여자가 초면임에도 불구하고 자기를 족히 믿을 만한 남자라 알아볼 수 있도록 그렇게 총명하다고 생각하고 싶었다.

여자는 총명하였다. 그들이 무장야관 앞에서 자동차를 내렸을 때, 그러나 구보는 잠시 그 곳에 우뚝 서 있을 수밖에 없었다. 그것은 뒤에서 내리는 여자를 기다리기 위하여서가 아니다. 그의 앞에 외국 부인이 빙그레 웃으며 서 있었던 까닭이다. 구보의 영어 교사는 남녀를 번갈아 보고, 새로이 의미심장한 웃음을 웃고 오늘 행복을 비오, 그리고 제 길을 걸었다. 그것에는 혹은 삼십 독신녀의 젊은 남녀에게 대한 빈정거림이 있었는지도 모른다. 구보는 소년과 같이 이마와 콧잔등이에 무수한 땀방울을 깨달았다. 그래 구보는 바지 주머니에서 수건을 꺼내어 그것을 씻지 않으면 안되었다. 여름 저녁에 먹은 한 그릇의 설렁탕은 그렇게도 더웠다.

이 곳을

나와, 그러나 그들은 한길 위에 우두머니 선다. 역시 좁은 서울이었다. 동경이면, 이러한 때 구보는 우선 은좌로라도 갈 게다. 사실 그는 여자를 돌아보고, 은좌로 가서 차라도 안 잡수시렵니까, 그렇게 말하고 싶었었다. 그러나 순간에, 지금 막 보았을 따름인 영화의 한 장면을 생각해 내고, 구보는 제가 취할 행동에 자신을 가질 수 없었을지도 모른다. 규중 처자를 꾀어 오페라 구경을 하고, 밤늦게 다시 자동차를 몰아 어느 별장으로 향하던 불량 청년. 언뜻 생각하면 그의 옆 얼굴과 구보의 것과 사이에 일맥상통한 점이 있었던 듯도 싶었다. 구보는 쓰디쓰게 웃고, 그러나 그러한 것은 어떻든, 은좌가 아니라도 어디 이 근처에서

라도 차나 먹고…… 참, 내 정신 좀 보아. 벗은 갑자기 소리치고 자기가 이 시각에 꼭 만나야 할 사람이 있음을 말하고, 그리고 이제 구보가 혼자서 외로울 것을 알고 있었으므로, 그는 미안한 표정을 지었다. 여자가 주저하며, 그만 집으로 돌아가야겠다고 구보를 곁눈질하였을 때에도, 역시 그러한 표정이었던 것임에 틀림없었다. 우리 열 점쯤 해서 다방에서 만나기로 합시다. 열 점. 음, 늦어도 열 점 반. 그리고 벗은 전찻길을 횡단하여 갔다.

전찻길을 횡단하여 저편 포도 위를 사람 틈에 사라져 버리는 벗의 뒷모양을 바라보며, 어인 까닭도 없이, 이슬비 내리던 어느 날 저녁 히비야 공원 앞에서의 여자를 구보는 애닲다, 생각한다. 아, 구보는 악연히 고개를 들어 뜻없이 주위를 살피고 그리고 기계적으로 몇 걸음 앞으로 나갔다. 아아, 그예 생각해 내고 말았다. 영구히 잊고 싶다, 생각한 그의 일을 왜 기억 속에서 더듬었더냐. 애닲고 또 쓰린 추억이란, 결코 사람 마음을 고요하게도 기쁘게도 하여 주는 것은 아니었다.

여자는 그가 구보와 알기 전에 이미 약혼하고 있었던 사나이의 문제를 가지고, 구보의 결단을 빌었다. 불행히 그 사나이를 구보는 알고 있었다. 중학 시대의 동창생. 서로 소식 모르고 지낸 지 오 년이 넘었어도 그의 얼굴은 구보의 머릿속에 분명하였다. 그 우둔하고 또 순직한 얼굴. 더욱이 그 선량한 눈을 생각할 때 구보의 마음은 아팠다. 비 내리는 공원 안을 그들은 생각에 잠겨, 생각에 울어, 날 저무는 줄도 모르고 헤매 돌았다. 참지 못하고 구보는 걷기 시작한다. 사실 나는 비겁하였을지도 모른다. 한 여자의 사랑을 완전히 차지하는 것에 행복을 느껴야만 옳았을지도 모른다. 의리라는 것을 생각하고, 비난을 두려워하고 하는, 그러한 모든 것이 도시 남자의 사랑이, 정열이 부족한 까닭이라, 여자가 울며 탄하였을 때, 그 말은, 그 말은 분명히 옳았다, 옳았다.

구보가 바래다 주려도, 아니에요, 이대로 내버려 두세요, 혼자 가겠어요, 그리고 비에 젖어 눈물에 젖어, 황혼의 거리를 전차도 타지 않고 한없이 걸어가던 그의 뒷모양. 그는 약혼한 사나이에게로도 가지 않았다. 그가 불행하다면 그것은 오로지 사나이의 약한 기질에 근원할 게다. 구보는 때로, 그가 어느 다행한 곳에서 그의 행복을 차지하고 있는 것같이 생각하고 싶었어도, 그 사상은 너무나 공허하다.

어느 틈엔가 황토마루 네거리에까지 이르러, 구보는 그 곳에 충동적으로 우뚝 서며 괴로운 숨을 토하였다. 아아, 그가 보고 싶다. 그의 소식이 알고 싶다. 낮에 거리에 나와 일곱 시간, 그것은 오직 한 개의 진정이었을지 모른다. 아아, 그가 보고 싶다. 그의 소식이 알고 싶다……

광화문통

그 멋없이 넓고 또 쓸쓸한 길을 아무렇게나 걸어가며, 문득 자기는 혹은 위선자나 아니었었나 하고, 구보는 생각하여 본다. 그것은 역시 자기의 약한 기질에 근원할 게다. 아아, 온갖 악은 인성의 약함에서, 그리고 온갖 불행이……

또다시 너무나 가엾은 여자의 뒷모양이 보였다. 레인코트 위에 빗물은 흘러내리고, 우산도 없이 모자 안 쓴 머리가 비에 젖어 애닯다. 기운 없이, 기운 있을 수 없이, 축 늘어진 두 어깨. 주머니에 두 팔을 꽂고, 고개 숙여 내어디디는 한 걸음, 또 한 걸음, 그 조그맣고 약한 발에 아무러한 자신도 없다. 뒤따라 그에게로 달려가야 옳았다. 달려들어 그의 조그만 어깨를 으스러져라 잡고, 이제까지 한 나의 말은 모두 거짓이었다고, 나는 결코 이 사랑을 단념할 수 없노라고, 이 사랑을 위하여는 모든 장애와 싸워 가자고, 그렇게 말하고, 그리고 이슬비 내리는 동경 거리에서 두 사람은 무한한 감격에 울었어야만 옳았다.

구보는 발 앞의 조약돌을 힘껏 찼다. 격렬한 감정을, 진정한 욕구를,

힘써 억제할 수 있었다는 데서 그는 값없는 자랑을 얻으려 하였었는지도 모른다. 이것이, 이 한 개 비극이 우리들 사랑의 당연한 귀결이라고 그렇게 생각하려 들었던 자기. 순간에 또 벗의 선량한 두 눈을 생각해내고 그의 원만한 천성과 또 금력이 여자를 행복하게 하여 주리라 믿으려 들었던 자기. 그 왜곡된 감정이 구보의 진정한 마음의 부르짖음을 틀어막고야 말았다. 그것은 옳지 않았다. 구보는 대체 무슨 권리를 가져 여자의, 그리고 자기 자신의 감정을 농락하였나. 진정으로 여자를 사랑하였으면서도 자기는 결코 여자를 행복하게 하여 주지는 못할 게라고, 그 부전감(불완전한 감정)이 모든 사람을, 더욱이 가엾은 애인을 참말 불행하게 만들어 버린 것이 아니었던가. 그 길 위에 깔린 무수한 조약돌을 힘껏 차 헤트리고, 구보는 아아, 내가 그릇하였다, 그릇하였다.

철겨운 봄노래를 부르며, 열 살이나 그밖에 안 된 아이가 지났다. 아이에게 근심은 없다. 잘 안 돌아가는 혀끝으로, 술주정꾼이 두 명, 어깨동무를 하고 수심가를 불렀다. 그들은 지금 만족이다. 구보는 문득, 광명을 찾은 것 같은 착각을 느끼고, 어두운 거리 위에 걸음을 멈춘다. 이제 그와 다시 만날 때, 나는 이미 약하지 않다. 나는 그 과오를 거듭 범하지 않는다. 우리는 영구히 다시 떠나지 않는다…… 그러나 그를 어디가 찾누. 어허, 공허하고 또 암담한 사상이여. 이 넓고 또 휑한 광화문 거리 위에서, 한 개의 사나이 마음이 이렇게도 외롭고 또 가엾을 수 있었나.

각모 쓴 학생과 젊은 여자가 어깨를 나란히 하여 구보 앞을 지나갔다. 그들의 걸음걸이에는 탄력이 있었고, 그들의 말소리는 은근하였다. 사랑하는 이들이여 그대들 사랑에 언제든 다행한 빛이 있으라. 마치 자애 깊은 부로*와 같이 구보는 너그러웁고 사랑 가득한 마음을 가지고 진정으로 그들을 축복하여 준다.

---

* 부로 한 동네에서 나이가 가장 많은 남자 어른을 높여 이르는 말.

이제

어디로 갈 것을 잊은 듯이, 그러한 필요가 없어진 듯이, 얼마 동안을 구보는 그 곳에 가 망연히 서 있었다. 가엾은 애인. 이 작품의 결말은 이대로 좋을 것일까. 이제, 뒷날 그들은 다시 만나는 일도 없이, 옛 상처를 스스로 어루만질 뿐으로, 언제든 외롭고 또 애달퍼야만 할 것일까. 그러나, 그 즉시 아아, 생각을 말리라. 구보는 의식하여 머리를 흔들고, 그리고 좀 급한 걸음걸이로 온 길을 되걸어갔다. 그래도 마음에 아픔은 그저 있었고, 고개 숙여 걷는 길 위에, 발에 차이는 조약돌이 회상의 무수한 파편이다. 머리를 들어 또 한 번 뒤흔들고, 구보는 참말 생각을 말리라 말리라……

이제 그는 마땅히 다방으로 가, 그 곳에서 벗과 다시 만나, 이 한밤의 시름을 덜 도리를 하여야 한다. 그러나 그가 채 전차 선로를 횡단할 수 있기 전에 그는 '눈깔 아저씨 ──' 하고 불리고, 그리고 그가 걸음을 멈추고 돌아보았을 때, 그의 단장과 노트 든 손은 아이들의 조그만 손에 붙잡혔다. 어디를 갔다 오니. 구보는 웃는 얼굴을 짓기에 바쁘다. 어느 벗의 조카아이들이다. 아이들은 구보가 안경을 썼대서 언제든 눈깔 아저씨라 불렀다. 야시 갔다 오는 길이라우. 그런데 왜 요새 통 집에 안 오우, 눈깔 아저씨. 응, 좀 바빠서……. 그러나 그것은 거짓이었다. 구보는, 순간에, 자기가 거의 달포 이상을 완전히 이 아이들을 잊고 있었던 사실을 기억에서 찾아내고, 이 천진한 소년들에게 참말 미안하다 생각한다.

가엾은 아이들이다. 그들은 결코 아버지의 사랑을 몰랐다. 그들의 아버지는 다섯 해 전부터 어느 시골서 따로 살림을 차렸고, 그들은 그래서 거의 완전히 어머니의 손으로만 길러졌다. 어머니에게 허물은 없었다. 그러면 아버지에게. 아버지도 말하자면 착한 이였다. 그러나 그에게는 역시 여자에게 대하여 방종성이 있었다. 극도의 생활난 속에서,

그래도, 어머니는 아이들을 학교에 보냈다. 열여섯짜리 큰딸과 아래로 삼 형제. 끝의 아이는 학령이었다. 삶의 어려움을 하소연하면서도 그 애마저 보통 학교에 입학시킬 것을 어머니가 기쁨 가득히 말하였을 때, 구보의 머리는 저모르게 숙여졌었다.

구보는 아이들을 사랑한다. 아이들의 사랑을 받기를 좋아한다. 때로, 그는 아이들에게 아첨하기조차 하였다. 만약 자기가 사랑하는 아이들이 자기를 따르지 않는다면 —— 그것은 생각만 하여 볼 따름으로 외롭고 또 애달팠다. 그러나 아이들은 그렇게도 단순하다. 그들은, 그들을 사랑하는 사람을 반드시 따랐다.

눈깔 아저씨, 우리 이사한 담에 언제 왔수. 바루 저 골목 안이야. 같이 가 응. 가 보고도 싶었다. 그러나 역시 시간을 생각하고, 벗을 놓칠 것을 염려하고, 그는 이내 그것을 단념하는 수밖에 없었다. 어찌할구. 구보는, 저편에 수박 실은 구루마를 발견하였다. 너희들 배탈 안 났니. 아아니, 왜 그러우. 구보는 두 아이에게 수박을 한 개씩 사서 들려주고, 어머니 갖다 드리구 노나 줍쇼 그래라. 그리고 덧붙여 쌈 말구 똑같이 들 노나야 한다. 생각난 듯이 큰 아이가 보고하였다. 지난번에 필운이 아저씨가 바나나를 사 왔는데, 누나는 배탈이 나서 먹지를 못했죠. 그래 막 까시*를 올렸더니만…… 구보는 그 말괄량이 소녀의, 거의 울가망*이 된 얼굴을 눈앞에 그려 보고 빙그레 웃었다. 마침 앞을 지나던 한 여자가 날카롭게 구보를 흘겨보았다. 그의 얼굴은 결코 어여쁘지 못했다. 뿐만 아니라 무에 그리 났는지, 그는 얼굴 전면에 대소 수십 편의 삐꾸(고약)를 붙이고 있었다. 응당 여자는 구보의 웃음에서 모욕을 느꼈을 게다. 구보는 갑자기 홍소하였다. 어쩌면 이제 구보는 명랑하여질 수 있을지도 모른다.

---

* 까시 놀림.
* 울가망 근심스럽거나 답답하여 기분이 나지 않음. 또는 그런 상태.

그래도

집으로 자꾸 가자는 아이들을 달래어 보내고, 구보는 다방으로 향한다. 이 거리는 언제든 밤에, 행인이 드물었고, 전차는 한길 한복판을 가장 게으르게 굴러갔다. 결코 화안하지 못한 이 거리, 가로수 아래, 한두 명의 부녀들이 서고 혹은 앉아 있었다. 그들은 물론 거리에 봄을 파는 종류의 여자들은 아니었을 게다. 그래도 이 밤들면, 언제든 쓸쓸하고, 또 어두운 거리 위에 그것은 몹시 음울하고도 또 고혹적인 존재였다. 그렇게도 갑자기 부란*된 성욕을 구보는 이 거리 위에서 느낀다.

문득, 제비와 같이 경쾌하게 전보 배달의 자전거가 지나간다. 그의 허리에 찬 조그만 가방 속에 어떠한 인생이 압축되어 있을 것인고. 불안과 초조와 기대와…… 그 조그만 종이 위의 그 짧은 문면*은 그렇게도 용이하게, 또 확실하게 사람의 감정을 지배한다. 사람은 제게 온 전보를 받아들 때 그 손이 가만히 떨림을 스스로 깨닫지 못한다. 구보는 갑자기 자기에게 온 한 장의 전보를 그 봉함을 떼지 않은 채 손에 들고 감동하고 싶은 충동을 느꼈다. 전보가 못 되면, 보통 우편물이라도 좋았다. 이제 한 장의 엽서에라도 구보는 거의 감격을 가질 수 있을 게다.

흥 하고 구보는 코웃음 쳐 보았다. 그 사상은 역시 성욕의, 어느 형태로서의 한 발현에 틀림없었다. 그러나 물론 이 결코 부자연하지 않은 생리적 현상을 무턱대고 업신여길 의사는 구보에게 없었다. 사실 서울에 있지 않은 모든 벗을 구보는 잊은 지 오래였고 또 그 벗들도 이미 오랫동안 소식을 전하여 오지 않았다. 그들은 모두 지금 무엇들을 하구 있을구. 한 해에 단 한 번 연하장을 보내 줄 따름의 벗에까지, 문득 구보는 그리움을 가지려 한다. 이제 수천 매의 엽서를 사서, 그 다방 구석진 탁자 위에서,……

＊ 부란 썩어 문드러짐.
＊ 문면 문장이나 편지에 나타난 대강의 내용.

어느 틈엔가 구보는 가장 열정을 가지고, 벗들에게 편지를 쓰고 있는 제 자신을 보았다. 한 장, 또 한 장, 구보는 재떨이 위에 생담배가 타고 있는 것도 깨닫지 못하고, 그가 기억하고 있는 온갖 벗의 이름과 주소를 엽서 위에 흘려 썼다…… 구보는 거의 만족한 웃음조차 입가에 띠며, 이것은 한 개 단편 소설의 결말로는 결코 비속하지 않다, 생각하였다. 어떠한 단편 소설의 ——. 물론 구보는 아직 그 내용을 생각하지 않았다.

그러나 그러한 것은 어떻든 벗들의 편지가 참말 보고 싶었다. 누가 내게 그 기쁨을 주지는 않는가. 문득 구보의 걸음이 느려지며, 그동안 집에 편지가 와 있지나 않을까, 그리고 그것은 가장 뜻하지 않았던 옛 벗으로부터의 열정이 넘치는 글이나 아닐까, 하고 제맘대로 꾸며 생각 하고, 그리고 물론 그것이 얼마나 근거 없는 생각인 줄 알았어도, 구보 는 그 애달픈 기쁨을 그렇게도 가혹하게 깨뜨려 버리려 하지 않았다. 그러나 그것은 벗에게서 온 편지는 아닐지도 모른다. 혹은 어느 신문사 나 잡지사나…… 그러면 그 인쇄된 봉투에 어머니는 반드시 기대와 희 망을 갖고, 그것이 아들에게 무슨 크나큰 행운이나 약속하고 있는 거나 같이 몇 번씩 놓았다 들었다, 또는 전등불에 비추어 보았다…… 그리고 기다려도 안 들어오는 아들이 편지를 늦게 보아 그만 행운을 놓치고 말 지나 않을까, 그러한 경우까지를 생각하고 어머니는 안타까워할 게다. 그러나 가엾은 어머니가 그렇게까지 감동을 가진 그 서신이 급기야 뜯 어 보면, 신문 일 회분의, 혹은 잡지 한 페이지분의 잡문의 의뢰이기 쉬 웠다. 구보는 쓰디쓰게 웃고 다방 안으로 들어선다. 사람은 그 곳에 많 았어도 벗은 있지 않았다. 그는 이제 이 곳에서 벗을 기다려야 한다.

다방을

찾는 사람들은 어인 까닭인지 모두들 구석진 좌석을 좋아하였다. 구보는 하나 남아 있는 가운데 탁자에 가 앉는 수밖에 없었다. 그래도 그는 그 곳에서 엘만의 〈발스 센티멘털〉을 가장 마음 고요히 들을 수 있었다. 그러나 그 선율이 채 끝나기 전에 방약무인한* 소리가 구포 씨 아니오 ──. 구보는 다방 안의 모든 사람들의 시선을 온몸에 느끼며, 소리나는 쪽을 돌아보았다. 중학을 이삼 년 일찍 마친 사나이. 어느 생명 보험회사의 외교원이라는 말을 들었다. 평소에 결코 왕래가 없으면서도 이제 이렇게 알은 체를 하려는 것은 오직 얼굴이 새빨개지도록 먹은 술 탓인지도 몰랐다. 구보는 무표정한 얼굴로 약간 끄덕하여 보이고 즉시 고개를 돌렸다. 그러나 그 사나이가 또 한 번 역시 큰 소리로, 이리 좀 안 오시료, 하고 말하였을 때, 구보는 게으르게나마 자리에서 일어나, 그의 탁자로 가는 수밖에 없었다. 이리 좀 앉으시오. 참, 최 군, 인사하지. 소설가, 구포 씨.

이 사나이는, 어인 까닭인지 구보를 반드시 '구포' 라고 발언하였다. 그는 맥주병을 들어 보고, 아이 쪽을 향하여 더 가져오라고 소리치고, 다시 구보를 보고, 그래 요새두 많이 쓰시우. 무어 별로 쓰는 것 '없습니다'. 구보는 자기가 이러한 사나이와 접촉을 가지게 된 것에 지극한 불쾌를 느끼며, 경어를 사용하는 것으로 그와 사이에 간격을 두기로 하였다. 그러나 이 딱한 사나이는 도리어 그것에서 일종 득의감을 맛볼 수 있었는지도 모른다. 그뿐 아니라, 그는 한 잔 십 전짜리 차들을 마시고 있는 사람들 틈에서 그렇게 몇 병씩 맥주를 먹을 수 있는 것에 우월감을 갖고, 그리고 지금 행복이었을지도 모른다. 그는 구보에게 술을 따라 권하고, 내 참 구포 씨 작품을 애독하지. 그리고 그러한 말을 하였음에도 불구하고 구보가 아무런 감동도 갖지 않은 듯싶은 것을 눈치채자, 사실, 내 또 만나는 사람마다 보구,

"구포 씨를 선전하지요."

---

* 방약무인하다 곁에 사람이 없는 것처럼 아무 거리낌 없이 함부로 말하고 행동하다.

그러한 말을 하고는 혼자 허허 웃었다. 구보는 의미 몽롱한 웃음을 웃으며 문득, 이 용감하고 또 무지한 사나이를 고급으로 채용하여 구보 독자 권유원*을 시키면, 자기도 응당 몇십 명의 또는 몇백 명의 독자를 획득할 수 있을지 모르겠다고 그런 난데없는 생각을 하여 보고, 그리고 혼자 속으로 웃었다. 참, 구보 선생, 하고 최 군이라 불린 사나이도 말참견을 하여, 자기가 독견의 〈승방비곡〉과 윤백남의 〈대도전〉을 걸작이라 여기고 있는 것에 구보의 동의를 구하였다. 그리고 이 어느 화재보험회사의 권유원인지 알 수 없는 사나이는 가장 영리하게,

"물론 선생님의 작품을 따루 치고……."

그러한 말을 덧붙였다. 구보가 간신히 그것들을 좋은 작품이라 말하였을 때, 최 군은 또 용기를 얻어, 참 조선서 원고료는 얼마나 됩니까. 구보는 이 사나이가 원호료라 발음하지 않는 것에 경의를 표하였으나 물론 그는 이러한 종류의 사나이에게 조선 작가의 생활 정도를 알려 주어야 할 아무런 의무도 갖지 않는다. 그래, 구보는 혹은 상대자가 모멸을 느낄지도 모를 것을 알면서도 불쑥, 자기는 이제까지 고료라는 것을 받아 본 일이 없어, 그러한 것은 조금도 모른다 말하고, 마침 문을 들어서는 벗을 보자 그만 실례합니다. 그리고 그들이 무어라 말할 수 있기 전에 제자리로 돌아와 노트와 단장을 집어들고, 막 자리에 앉으려는 벗에게,

"나갑시다. 다른 데로 갑시다."

밖에, 여름밤, 가벼운 바람이 상쾌하다.

조선 호텔

앞을 지나, 밤늦은 거리를 두 사람은 말없이 걸었다. 대낮에도 이 거

---

* 권유원 어떤 일을 하도록 권유하는 사람.

리는 행인이 많지 않다. 참, 요사이 무슨 좋은 일 있소. 맞은편에 경성우편
국 삼층 건물을 바라보며 구보는 생각난 듯이 물었다. 좋은 일이라니
──. 돌아보는 벗의 눈에 피로가 있었다. 다시 걸어 황금정으로 향하며,
이를테면 조그만 기쁨, 보잘것 없는 기쁨, 그러한 것을 가졌소. 뜻하지 않
은 벗에게서 뜻하지 않은 엽서라도 한 장 받았다는 종류의……

"갖구말구."

벗은 서슴지 않고 대답하였다. 노형같이 변변치 못한 사람은 죽을 때
까지 받아 보지 못할 편지를, 그리고 벗은 허허 웃었다. 그러나 그것은

공허한 음향이었다. 내용증명의 서류 우편. 이 시대에는 조그만 한 개의 다료를 경영하기도 수월치 않았다. 석 달 밀린 집세. 총총하던 별이 자취를 감추고 하늘이 흐렸다. 벗은 갑작 휘파람을 분다. 가난한 소설가와 가난한 시인과…… 어느 틈엔가 구보는 그렇게도 구차한 내 나라를 생각하고 마음이 어두웠다.

"혹시 노형은 새로운 애인을 갖고 싶다 생각 않소."

벗이 휘파람을 마치고 장난꾼같이 구보를 돌아보았다. 구보는 호젓하게 웃는다. 애인도 좋았다. 애인 아닌 여자도 좋았다. 구보가 지금 원함은 한 개의 계집에 지나지 않는지도 몰랐다. 또는 역시 어질고 총명한 아내라야 하였을지도 몰랐다. 그러다가 구보는 문득, 아내도 계집도 말고 십칠팔 세의 소녀를, 만약 그럴 수 있다면 딸을 삼고 싶다고 그러한 엄청난 생각을 하여 보았다. 그 소녀는 마땅히 아름다웁고 명랑하고, 그리고 또 총명하여야 한다. 구보는 자애 깊은 아버지의 사랑을 가지고 소녀를 데리고 여행을 할 수 있을 게다 ──.

갑자기 구보는 실소하였다. 나는 이미 그토록 늙었나. 그래도 그 욕망은 쉽사리 버려지지 않았다. 구보는 벗에게 알리고 싶은 것을 참고, 혼자 마음 속에 그 생각을 즐겼다. 세 개의 욕망. 그 어느 한 개만으로도 구보는 이제 용이히 행복될지 몰랐다. 혹은 세 개의 욕망의, 그 셋이 모두 이루어지더라도 결코 구보는 마음의 안위를 이룰 수 없을지도 몰랐다. 역시 그것은 '고독'이 빚어내는 사상이었다.

나의 원하는 바를 월륜*도 모르네

문득 〈춘부〉의 일행시를 구보는 입 밖에 내어 외어 본다. 하늘은 금방 빗방울이 떨어질 것같이 어둡다. 월륜은커녕, 혹은 구보 자신 알지 못하고 있을지도 모른다. 어느 틈엔가 종로에까지 다시 돌아와, 구보는

---

* **월륜** 둥근 달. 또는 그 둘레.

갑자기 손에 든 단장과 대학 노트의 무게를 느끼며 벗을 돌아보았다. 능히 오늘 밤 술을 사 줄 수 있소. 벗은 생각하여 보는 일 없이 고개를 끄덕였다. 구보는 다시 다리에 기운을 얻어, 종각 뒤, 그들이 가끔 드나드는 술집을 찾았을 때, 그러나 그 곳에는 늘 보던 여급이 없었다. 낯선 여자에게 물어, 그가 지금 가 있는 낙원정의 어느 카페 이름을 배우자, 구보는 역시 피로한 듯싶은 벗의 팔을 이끌어 그리로 가자, 고집하였다. 그 여급을 구보는 이름도 몰랐다. 이를테면 벗이 흥미를 가지고 있는 계집이었다. 마치 경박한 불량 소년과 같이, 계집의 뒤를 쫓는 것에서 값없는 기쁨이나마 구보는 맛보려는 심리인지도 모른다.

처음에

벗은, 그러나 구보의 말을 좇지 않았다. 혹은 벗은 그 여급에게 흥미를 느끼지 않고 있었던 것인지도 모른다. 그러나 만약 그가 그 여자에게 무어 느낀 게 있었다 하면 그것은 분명히 흥미 이상의 것이었을 게다. 그들이 마침내 낙원정으로 그 계집 있는 카페를 찾았을 때, 구보는 그러나 벗의 감정이 그 둘 중의 어느 것도 아니었다는 것을 알았다. 혹은, 어느 것이든 좋았었는지도 몰랐다. 하여튼 벗도 이미 늙었다. 그는 나이로 청춘이었으면서도 기력과 또 정열이 결핍되어 있었다. 까닭에 그가 항상 그렇게도 구하여 마지않는 것은, 온갖 의미로서의 자극이었는지도 모른다.

여급이 세 명, 그리고 다음에 두 명, 그들의 탁자로 왔다. 그렇게 많은 '미녀'를 그 자리에 모이게 한 것은, 물론 그들의 풍채도 재력도 아니다. 그들은 오직 이 곳에 신선한 객이었고, 그리고 노는 계집들은 그렇게도 많은 사나이들과 알은 체하기를 좋아하였다. 벗은 차례로 그들의 이름을 물었다. 그들의 이름에는 어인 까닭인지 모두 '고'가 붙어 있었다. 그것은 결코 고상한 취미가 아니었고, 그리고 때로 구보의 마음을 애닮게 한다.

"왜, 호구 조사 오셨어요?"

새로이 여급이 그들의 탁자로 와서 말하였다. 문제의 여급이다. 그들이 그 계집에게 알은 체하는 것을 보고, 그들의 옆에 앉았던 두 명의 계집이 자리를 양도하려 엉거주춤 일어섰다. 여자는, 아니, 그대루 앉아 있으세요, 사양하면서도 벗의 옆에 가 앉았다. 이 여자는 다른 다섯 여자들보다 좀더 어여쁠 것은 없었다. 그래도 어딘지 모르게 기품이 있어 보이기는 하였다. 벗이 그와 둘이서만 몇 마디 말을 주고받고 하였을 때, 세 명의 여급은 다른 곳으로 가 버리고 말았다. 동료와 친근히 하고 있는 듯싶은 객에게, 계집들은 결코 흥미를 느끼지 않는다.

"어서 약주 드세요."

이 탁자를 맡은 계집이, 특히 벗에게 권하였다. 사실, 맥주를 세 병째 가져오도록 벗이 마신 술은 모두 한 고뿌(컵을 일본식으로 읽은 것)나 그 밖에 안 되었던 것임에 틀림없었다. 그러나 벗은 오직 그 곱보를 들어 보고 또 입에 대는 척 하고, 그리고 다시 탁자에 놓았다. 이 벗은 음주 불감증이 있었다. 그러나 물론 계집들은 그의 병명을 알지 못한다. 구보에게 그것이 일종의 정신병임을 듣고, 그들은 철없이 눈을 둥그렇게 떴다. 그리고 다음에 또 철없이 그들은 웃었다. 한 사나이가 있어 그는 평소에는 술을 즐기지 않으면서도 때때로 남주*를 하여, 언젠가는 일본 주를 두 되 이상이나 먹고, 그리고 거의 혼도를 하였다고 한 계집은 이야기를 하고, 그리고 그것도 역시 정신병이냐고 구보에게 물었다. 그것은 기주증, 갈주증 또는 황주증이었다. 얼마 전엔가 흥미를 가져 읽은 〈현대의 학사전〉 제이십삼 권은 그렇게도 유익한 서적임에 틀림없었다.

＊남주 럼주. 당밀 도는 사탕수수를 발효하여 증류한 술.

갑자기 구보는 온갖 사람을 모두 정신병자라 관찰하고 싶은 강렬한 충동을 느꼈다. 실로 다수의 정신병 환자가 그 안에 있었다. 의상분일증, 언어도착증, 과대망상증, 추외언어증, 여자음란증, 지리멸렬증, 질투망상증, 남자음란증, 병적기행증, 병적허언기편증, 병적부덕증, 병적낭비증……. 그러다가 문득 구보는 그러한 것에 흥미를 느끼려는 자기가, 오직 그런 것에 흥미를 갖는다는 것만으로도 이미 한 것(한사람)의 환자에 틀림없다 깨닫고, 그리고 유쾌하게 웃었다.

그러면

무어, 세상 사람이 다 미친 사람이게 ——. 구보 옆에 조그마니 앉아, 말없이 구보의 이야기만 듣고 있던 여급이 당연한 질문을 하였다. 문득 구보는 그에게로 향하여 비스듬히 고쳐 앉으며 실례지만, 하고 그러한 말을 사용하고, 그의 나이를 물었다. 여자는 잠깐 망살거리다가,

"갓 스물이에요."

여성들의 나이란 수수께끼다. 그래도 이 계집을 갓 스물이라 볼 수는 없었다. 스물다섯이나 여섯, 적어도 스물넷은 됐을 게다. 갑자기 구보는 일종의 잔인성을 가지고, 그 역시 정신병자임에 틀림없음을 일러 주었다. 당의즉답증. 벗도 흥미를 가져 그에게 그 병에 대하여 자세한 것을 물었다. 구보는 그의 대학노트를 탁자 위에 펴 놓고, 그 병의 환자와 의원 사이의 문답을 읽었다. 코는 몇 개요. 두 갠지 몇 갠지 모르겠습니다. 귀는 몇 개요. 한 갭니다. 셋하구 둘하구 합하면. 일곱입니다. 당신 몇 살이요. 스물하납니다(기실 삼십팔 세). 매씨*는. 여든한 살입니다. 구보는 공책을 덮으며, 벗과 더불어 유쾌하게 웃었다. 계집들도 따라 웃

---

* 매씨 남의 손아래 누이를 높여 이르는 말.

었다. 그러나 벗의 옆에 앉은 여급말고는 이 조그만 이야기를 참말 즐길 줄 몰랐던 것임에 틀림없었다. 특히 구보 옆의 환자는, 그것이 자기의 죄없는 허위에 대한 가벼운 야유인 것을 깨달을 턱 없이 호호대고 웃었다. 그는 웃을 때마다, 말할 때마다 언제든 수건 든 손으로 자연을 가장하여 그의 입을 가린다. 사실 그는 특히 입이 모양 없게 생겼던 것임에 틀림없었다. 구보는 그 마음에 동정과 연민을 느꼈다. 그러나 그것은 물론 애정과 구별되지 않으면 안 된다. 연민과 동정은 극히 애정에 유사하면서도 그것은 결코 애정일 수 없다. 그러나 증오는 —— 증오는 실로 왕왕히 진정한 애정에서 폭발한다…… 일찍이 그의 어느 작품에서 사용하려다 말았던 이 일절은 구보의 옅은 경험에서 유출된 것에 지나지 않았어도, 그것은 혹은 진리였을지도 모른다. 그런 객쩍은 생각을 구보가 하고 있었을 때, 문득 또 한 명의 계집이 생각난 듯이 물었다. 그럼 이 세상에서 정신병자 아닌 사람은 선생님 한 분이겠군요. 구보는 웃고, 왜 나두…… 나는, 내 병은,

"다변증이라는 거라우."

"무어요, 다변증……?"

"응, 다변증, 쓸데없이 잔소리 많은 것두 다아 정신병이라우."

"그게 다변증이에요오?"

다른 두 계집도 입안말로 '다변증' 하고 중얼거려 보았다. 구보는 속주머니에서 만년필을 꺼내어 공책 위에다 초한다. 작가에게 있어서 관찰은 무엇에든지 필요하였고, 창작의 준비는 비록 카페 안에서라도 하여야 한다. 여급은 온갖 종류의 객을 대함으로써, 온갖 지식을 얻으려 노력하였다 ——. 잠깐 펜을 멈추고, 구보는 건너편 탁자를 바라보다가, 또 가만히 만족한 웃음을 웃고, 펜 잡은 손을 놀린다. 벗이 상반신을 일으켜, 또 무슨 궁상맞은 짓을 하는 거야 —— 그리고 구보가 쓰는 대로 그것을 소리 내어 읽었다. 여자는 남자와 마주 대하여 앉았을 때, 그

다리를 탁자 밖으로 내어놓고 있었다. 남자의 낡은 구두가 탁자 밑에서 그의 조그만 모양 있는 숙녀화를 밟을 것을 염려하여서가 아닐 게다. 그는 오늘, 그가 그렇게도 사고 싶었던 살빛 나는 비단양말을 신을 수 있었다. 그리고 그것은 그렇게도 자랑스러웠던 것임에 틀림없었다.

흥, 하고 벗은 코로 웃고 그리고 소설가와 벗할 것이 아님을 깨달았노라 말하고, 그러나 부디 별의별 것을 다 쓰더라도 나의 음주 불감증만은 얘기 말우 ——. 그리고 그들은 유쾌하게 웃었다.

구보와 벗과

그들의 대화의 대부분을, 물론 계집들은 알아듣지 못하였다. 그러면서도 그들은 능히 모든 것을 이해할 수 있었던 듯이 가장하였다. 그러나 그것은 결코 죄가 아니었고, 또 사람은 그들의 무지를 비웃어서는 안 된다. 구보는 펜을 잡았다. 무지는 노는 계집들에게 있어서 혹은 없어서는 안 될 물건이나 아닐까. 그들이 총명할 때, 그들에게 괴로움과 아픔과 쓰라림과…… 그 온갖 것이 더하고, 불행은 갑자기 나타나 그들의 마음을 사로잡고 말 게다. 순간, 순간에 그들이 맛볼 수 있는 기쁨을, 다행함을, 비록 그것이 얼마나 값없는 물건이더라도, 그들은 무지라야 비로소 가질 수 있다…… 마치 그것이 무슨 진리나 되는 듯이, 구보는 노트에 초하고, 그리고 계집이 권하는 술을 사양 안 했다.

어느 틈엔가 밖에 비가 내리고 있었다. 가만한 비다. 은근한 비다. 그렇게 밤늦어 그렇게 은근히 비 내리면, 구보는 때로 애달픔을 갖는다. 계집들도 역시 애달픔을 가졌다. 그들은 우산의 준비가 없이 그들의 단벌옷과 양말과 구두가 비에 젖을 것을 염려하였다.

유끼짱 ——. 보이지 않는 구석에서 취성이 들렸다. 구보는 창밖 어둠을 바라보며, 문득 한 아낙네를 눈앞에 그려 보았다. 그것은 '유끼' —— 눈이 그에게 준 생각이었는지도 모른다. 광교 모퉁이 카페 앞에서, 마침 지나는 그를 작은 소리로 불렀던 아낙네는 분명히 소복을 하고 있었다. 말씀 좀 여쭤 보겠습니다. 여인은 거의 들릴락말락한 목소리로 말하고, 걸음을 멈추는 구보를 곁눈에 느꼈을 때, 그는 곧 외면하고, 겨우 손을 내밀어 카페를 가리키고 그리고,

"이 집에서 모집한다는 것이 무엇이에요?"

카페 창 옆에 붙어 있는 종이에 여급 대모집. 여급 대모집 두 줄로 나뉘어 씌어 있었다. 구보는 새삼스러이 그를 살펴보고, 마음에 아픔을 느꼈다. 빈한은 하였을지도 모른다. 그러나 그는 제 자신 일거리를 찾아 거리에 나오지 않아도 좋았을 게다. 그러나 불행은 뜻하지 않고 찾아와, 그는 아직 새로운 슬픔을 가슴에 품은 채 거리로 나오지 않으면 안 되었던 것일 게다. 그에게는 거의 장성한 아들이 있을지도 모른다. 혹은 그것이 아들이 아니라 딸이었던 까닭에 가엾은 여인은 제 자신 입에 풀칠하기를 꾀하지 않으면 안 되었을 게다. 그의 처녀 시대에 그는 응당 귀하게 아낌을 받으며 길러졌을지도 모른다. 그의 핏기 없는 얼굴에는 기품과 또 거의 위엄조차 있었다. 구보가 말을 삼가, 여급이라는 것을 주석할 때, 그러나 그 분명히 마흔이 넘었을 아낙네는 그의 말을 끝까지 듣지 않고, 혐오와 절망을 얼굴에 나타내고, 구보에게 목례한 다음, 초연히 그 앞을 떠났다…….

구보는 고개를 돌려, 그의 시야에 든 온갖 여급을 보며, 대체 그 아낙네와 이 여자들과 누가 좀더 불행할까, 누가 좀더 삶의 괴로움을 맛보고 있는 걸까, 생각하여 보고 한숨지었다. 그러나 그 좌석에서 그러한 생각을 하는 것은 옳지 않았을지도 모른다. 구보는 새로이 담배를 피워 물었다. 그러나 탁자 위에 성냥갑은 두 갑이 모두 비어 있었다.

조그만 계집아이가 카운터로 달려가 성냥을 가져왔다. 그 여급은 거의 계집아이였다. 그가 열여섯이나 열일곱, 그렇게 말하더라도 구보는

결코 의심하지 않았을 게다. 그 맑은 두 눈은 그의 뺨의 웃음우물(웃을 때 오목해지는 것)은 아직 오탁에 물들지 않았다. 구보가 그 소녀에게 애달픔과 사랑과, 그것들을 한꺼번에 느낄 수 있었던 것은 결코 취한 탓만이 아니었을지도 모른다. 너 내일 낮에, 나하구 어디 놀러 가련. 구보는 불쑥 그러한 말조차 하며, 만약 이 귀여운 소녀가 동의한다면, 어디 야외로 반일을 산책에 보내도 좋다고 생각한다. 그러나 소녀는 그 말에 가만히 미소하였을 뿐이다. 역시 그 웃음우물이 귀여웠다. 구보는 문득 수첩과 만년필을 그에게 주고, 가면 ○을, 부면 ×를, 그리고 ○인 경우에는 내일 정오에 화신상회 옥상으로 오라고, 네가 무어라고 표를 질러 놓든 내일 아침까지는 그것을 펴 보지 않을 테니 안심하고 쓰라고, 그런 말을 하고, 그 새로 생각해 낸 조그만 유희에 구보는 명랑하게 또 유쾌하게 웃었다.

오전 두 시의

종로 네거리 —— 가는 비 내리고 있어도, 사람들은 그 곳에 끊임없다. 그들은 그렇게도 밤을 사랑하여 마지않았는지도 모른다. 그들은 그렇게도 용이하게 이 밤에 즐거움을 구하여 얻을 수 있었는지도 모른다. 그리고 그들은 일순, 자기가 가장 행복된 것같이 느낄 수 있었는지도 모른다. 그러나 그들의 얼굴에, 그들의 걸음걸이에 역시 피로가 있었다. 그들은 결코 위안받지 못할 슬픔을, 고달픔을 그대로 지닌 채, 그들이 잠시 잊었던 혹은 잊으려 노력하였던 그들의 집으로, 그들의 방으로 돌아가지 않으면 안 된다. 이렇게 밤늦게 어머니는 또 잠자지 않고 아들을 기다릴 게다. 우산을 가지고 나가지 않은 아들에게 어머니는 또한 가지의 근심을 가질 게다. 구보는 어머니의 조그만, 외로운, 슬픈 얼굴을 생각하였다. 그리고 제 자신 외로움과 또 슬픔을 맛보지 않으면 안 된다. 구보는 거의 외로운 어머니를 잊고 있었던 것임에 틀림없었다. 그러나 어머니는 그 아들을 응당, 윈하루 생각하고 염려하고, 또 걱정하였을 게다. 오오, 한없이 크고 또 슬픈 어머니의 사랑이여. 어버이에게서 남편에게로, 그리고 다시 자식에게로 옮겨가는 여인의 사랑 ——. 그러나 그 사랑은 자식에게로 옮겨간 까닭에 그렇게도 힘있고 또 거룩한 것이 아니었을까. 구보는 벗이, 그럼 또 내일 만납시다. 그렇게 말하였어도 거의 그것을 알아듣지 못하였다. 이제 나는 생활을 가지리라. 생활을 가지리라. 내게는 한 개의 생활을, 어머니에게는 편안한 잠을 ——. 평안히 가 주무시오. 벗이 또 한 번 말했다. 구보는 비로소 그를 돌아보고, 말없이 고개를 끄덕하였다. 내일 밤에 또 만납시다. 그러나 구보는 잠깐 주저하고, 내일, 내일부터 나 집에 있겠소, 창작하겠소 ——.

"좋은 소설을 쓰시오."

벗은 진정으로 말하고, 그리고 두 사람은 헤어졌다. 참말 좋은 소설을 쓰리라. 벗은 순사가 모멸을 가지고 그를 훑어보았어도, 그는 거의 그것에서 불쾌를 느끼는 일도 없이, 오직 그 생각에 조그만 한 개의 행복을 갖는다.

"구보 ——."

문득, 벗이 다시 그를 찾았다. 참, 그 수첩에다 무슨 표를 질렀나 좀 보우. 구보는 안주머니에서 꺼낸 수첩 속에서 크고 또 정확한 ×표를 찾아내었다. 쓰디쓰게 웃고, 벗에게 향하여, 아마 내일 정오에 화신상회 옥상으로 갈 필요는 없을까 보오. 그러나 구보는 적어도 실망을 갖지는 않았다. 설혹 그것이 ○표라 하였더라도 구보는 결코 기쁨을 느낄 수는 없었을 게다. 구보는 지금 제 자신의 행복보다도 어머니의 행복을 생각하고 싶었을지도 모른다. 그 생각에 그렇게 바빴을지도 모른다. 구보는 좀더 빠른 걸음걸이로 은근히 비 내리는 거리를 집으로 향한다.

어쩌면, 어머니가 이제 혼인 얘기를 꺼내더라도, 구보는 쉽게 어머니의 욕망을 물리치지는 않을지도 모른다.

최명익

장삼이사

비 오는 길

장삼이사

그렇게 붐비고 법석하는 정거장 홈의 혼잡을 옮겨 싣고 차는 떠났다. 그런 정거장의 거리와 기억이 멀어감을 따라 삼등 찻간에 가득 실린 무질서와 흥분도 차차 가라앉기 시작하였다. 앉을 수 있는 사람은 앉고 설 수밖에 없는 사람은 선 채로나마 자리가 잡힌 셈이다.

이 찻간 한 끝 바로 출입구 안쪽에 자리잡은 나 역시 담배를 피워 물고 주위를 돌아볼 여유가 생겼던 것이다.

'웬 사람들이 무슨 일로 어디를 가노라 이 야단들인가.'

혼잡한 정거장이나 부두에 서게 될 때마다 이렇게 중얼거려 보는 것이 나의 버릇이지만 그러나 ——,

'이 중에는 남 모를 설움과 근심 걱정을 가지고 아득한 길을 떠나는 이도 있으려니.'

이런 감상적인 심정으로보다도, 지금은 단지 인산 인해라는 사람 틈에 부대끼는 괴로운 역정일는지 모를 것이다. 그렇다고 지금도 그런 역정으로 주위를 흘겨보는 것은 아니다. 물론 또 아득한 길을 떠나는 사람의 서러운 표정을 찾아 구경하려는 호기심도 없었다. 만일 그런 것이 있다면 방심 상태인 내 눈의 요깃거리는 되겠지만.

방심 상태라면 나만은 아닌 모양이었다. 긴장에서 방심 상태로, 그래서 사람들은 각기 제 본색으로 돌아가 각각 제 버릇을 회복하게 되는 것이다. 그런 우리들 중에 모자 대신 편물 목테를 머리에다 감은 농촌 젊은이가 금방 회복한 제 버릇으로 그만 적잖은 실수를 저지르고 말았다. 실수라는 것은, 통로에 섰던 그 젊은이가 늘 하던 제 버릇대로 뱉은 가래침이 공교롭게도 나와 마주 앉은 중년 신사의 구두 콧등에 떨어진 것이었다. 물론 그것만도 적잖은 실수겠지만 그렇게까지 여러 사람의 눈이 둥그레서 보게끔 큰 실수로 만든 것은 그 구두의 발작적 행동이었다.

아닌게아니라 그 구두는 발작적으로 통로 바닥이 빠져라고 쾅쾅 뛰놀았다. 그러나 그리 매끄럽지가 못한 구두 코라 용이히 떨어질 리가 없었다. 그래 더욱 화가 난 구두는 이번에는 호되게 허공을 걷어차기 시작했다. 그래 뛰어나는 비말의 피해를 나도 받았지만 그 서슬에 어쩔 줄을 모르고 서 있던 그 젊은이는 정면으로 뛰어나는 비말을 피하여 그저 뒤로 물러서기만 했다. 그러나 그 젊은이의 동행인 듯한 노인이 제 보꾸러미에서 낡은 신문지를 한 줌 찢어 젊은이를 주었다. 젊은이는 당장 걷어차거나 쫓아 나와 물려는 야수나 어르듯이 그 구두 콧등 앞으로 조심히 신문지 쥔 손을 내밀어 보았다. 그러나 구두는 물지도 차지도 않고 도리어 그 손을 피하듯이 움츠러들었다. 그러자 희고 부드러운 종이가 그 구두 코를 닦기 시작하였다. 그런 종이는 많기도 하고 아깝지도 않은 모양이었다.

주위의 사람들은 그 구두가 그렇게 야단할 때보다도 더 의외라는 듯이 수북이 쌓이고 또 쌓이는 종이 무더기를 일삼아 보게끔 되었다. 그렇게 씻고 또 씻고 필요 이상으로 씻는 것은 구두보다도 께름한 기억을 씻으려는 듯도 한 것이었다. 아직도 씻는 것은 그 젊은이가 기껏 미안해

하라고 일부러 그러는 것 같기도 하였다. 혹은 그것이 더러워서만 그런다기보다도 더러운 사람의 것이므로 더욱 그런다는 듯도 한 것이었다.

그래서 일삼아 보고 있던 사람들은 모두 입을 비죽이고 외면을 하고 말았다. 물론 그 젊은이는, 미안 이상의 모욕감으로 얼굴이 빨개져서 천장만을 쳐다보며 이따금 한숨을 지었다. 그 중년 신사와 통로를 격하여 나란히 앉은 당꼬바지는 다소의 의분을 느꼈음인지 그 우뚝한 코를 벌름거리며 흰자 많은 눈으로 연방 그 신사를 곁눈질하였다. 그러나 그 신사의 눈과 마주치기만 하면 슬쩍 시선을 거두고 딩딩한 코를 천장으로 취끼고 마는 것이었다. 그렇게 그 신사의 눈과 마주치기를 꺼리는 것은 비단 당꼬바지만이 아니었다. 오히려 코가 꽤 딩딩한 당꼬바지도 그럴 적에야 —— 할 정도로 그 신사의 눈은 보기에 불안스럽도록 뒤룩거리는 눈방울이었다. 일부러 점잔을 빼느라 혹은 노상 호령끼를 뽐내느라 그런지, 그렇지 않으면 혹시 약간 피해 망상광의 증상이 있어 저도 어쩔 수 없이 뒤룩거리게 되는 눈인지도 모를 것이었다. 어쨌든, 척 마주 보기가 거북스러운 눈이라 아까 신문지를 주던 곰방대 영감은 담배를 붙이며 도적해 보던 곁눈질을 들키자, 채 불이 당기기도 전에 성냥을 불어 끄리만큼 낭패한 것이었다.

이렇게 되고 보니, 그렇지 않아도 본시부터 이렇다 할 이야깃거리가 없이 덤덤하던 우리 자리는 더욱 멋쩍게 되고 말았다. 그렇다고 누가 솔선해서 그런 침묵을 깨뜨려야 할 책임자가 있을 리도 없는 자리였다.

그러나 그 때 당꼬바지 옆에 앉은 가죽 재킷 입은 젊은이가 맞은 편에 캡 쓴 젊은이에게 '자네 지리가미(휴지) 가졌나' 하여, '응 있어' 하고, 일부러 꺼내 주는 것을 '이 사람 지리가민 나두 있네' 하고 한 뭉치 꺼내 보이며 코를 풀기 시작하였다. 그래서 캡 쓴 젊은이는 킬킬 웃으면서 맞은 코를 풀어서는 그런 종이가 수북한 통로 바닥으로 던졌다.

그러나 그 옆의 당꼬바지가 빙그레 웃었을 뿐 아무런 반응도 없고 말았다. 내 앞의 신사는 그저 여전히 눈을 뒤룩거리며 두세 번 큰 하품을 하였을 뿐이다. 좀 실례의 말이지만 마주 앉은 내가 느끼는 그 신사의 하품은 옛말에나 괴담에, 사람을 취하게 하는 무슨 김이나 악취를 뿜는다는 두꺼비의 하품 같은 것이었다.

이런 실례의 말을 해 놓고 보면 정말 그 신사는 어딘가 두꺼비 같은 인상을 주는 것이었다. 심심한 판이라, 좀 따져 본다면, 앞서도 늘 해온 말이지만, 언제나 먼저 눈에 띄는 그 뒤룩거리는 눈, 그 담에는 떡 다물었달밖에 없이 너부죽한 입, 그리고 언제나 굳은 침을 삼키듯이 불럭거리는 군턱, 이렇게 두드러진 특징만을 그리는 만화라면 통 안 그려도 무방일 듯한 극히 존재가 모호한 코, 아무리 두꺼비라도 코가 없을 리 없고, 있다면 으레 상판에 있게 마련이겠지만 나는 아직 두꺼비의 상판에서 코를 구경한 적은 없었다. 그렇더라도 두꺼비의 상판은 제법 상판이듯이 그 신사의 얼굴에도 그 코만은 있어 무방 없이 무방으로 극히 빈약하다기보다 제 존재를 영 주장치 않고 그저 겸손히 엎드린 코였다. 혹시 그런 것이 숨을 쉬기 위해서만 마련된 정말 코다운 코일지도 모를 것이다. 소위 융준이라고, 현재 당꼬바지의 코같이 우뚝한 코는 공연히 남에게 건방지다는 인상을 주거나 좀만 추워도 이내 빨개지기만 하는 부질없는 것일는지도 모를 것이다.

이같이 부질없는 용모 파기를 해 가면서까지 그를 흘금흘금 바라보게 되는 것은 아까의 그 실수 사건으로만 그런 것도 아니었다. 물론 그의 지나친 결벽성(?)이 우리의 주의를 끌었을 뿐 아니라 반감을 샀던 것도 사실이지만, 그렇지 않더라도 본시가 그는 우리들 중에서는 가장 두드러진 존재였던 것이다. 마치 소학생들이 저희 반 애들을 그린 그림에 제일 크게 그려 놓은 급장 모양으로 우리네 중에서 —— 우리라야 서로 바라볼 수 있는 통로 좌우의 앞 뒤, 네 자리의 오월동주 격으로 모여 앉은 사람들이지만 —— 가장 큰 몸뚱어리에다 가장 잘 차렸을 뿐 아니라 그 가장 뚱뚱한 배를 흐물거리는 숨소리도 가장 높았던 까닭이었다.

그같이 우리네의 주의를 끌밖에 없는 그 중년 신사는 몇 번째 하품을 하고 난 끝에 제 옆자리 창 밑에 끼여앉은 젊은 여인의 등 뒤로 손을 넣어서 송기떡빛 종이를 바른 넓적한 고량주 병을 뒤져 내었다. 찬그릇 뚜껑에 가득 따른 술잔을 무슨 쓴 약이나 벼르듯 하다가 그 번즈레한 얼굴에 통주름살을 그으며 마셨다. 떨리는 손으로 또 한 잔을 연해 마시고는 낙타 외투에 댄 수달피 바늘털에서 물방울이라도 튀어날 만큼 부르르 몸서리를 치고는 또 그 여인의 등 뒤로 손을 넣어서 궁둥이 밑에서나 빼낸 듯한 편포를 한 쪽 찢어 씹기 시작하였다. 풍기는 독한 술내에 사람들의 시선은 또다시 그에게로 모일밖에 없었다.

첩첩 입소리를 내며 태연히 떠들고 있는 그의 벗어진 이마에는 금시에 게알 같은 땀방울이 솟치고 그 가운데 일어선 극히 빈약한 머리털 몇 오리가 무슨 미생물의 첩모나 같이 나붙거리었다. 그렇게 발산하는 그의 체온과 체취이니 하면 우리는 금방 이 후끈한 찻간에 산소 부족을 느끼며 그를 바라보는 동안에 차차 그의 입 노릇이 떠지고 지금껏 누구를 노리듯이 굴리던 눈방울이 금시로 머루려 해지고 건침이 흐를 듯이 입 가장자리가 축 처지며 그는 한 번 꺼득 조는 것이었다. 좀 과장해 말하면 미륵불이 연화대에서 고꾸라지는 순간 같은 것이었다. 껀뜩, 제 김에 놀란 그 신사는 떡돌에 치우는 두꺼비 꿈에서나 놀라 깨인 것처럼 그 충혈된 눈이 더욱 휘둥그레져서 옆의 여인을 돌아보고는 안심한 듯이 기지개를 켰다. 그리고는 까맣게 잊었던 일이나 생각난 듯이 분주히 일어나 외투를 벗어 놓고 지리가미를 두 손으로 맞잡아 썩썩 부비며 변소로 들어갔다.

사람들의 시선은, 허퉁하게 비어진 그 자리 저편 끝에 지금까지 그 신사의 그늘 밑에 숨어 있던 듯이 송구리고 앉은 젊은 여인에게로 쏠리었다. 그렇다고 우리가 그 여인을 지금 비로소 발견했다는 것은 아니다. 그러면 또 화형이나 같이 아꼈다가 그럴듯한 장면이 되어 지금 비로소 등장시키는 셈도 아닌 것이다. 그 여인은 처음부터 궐녀(그 여자)와 마주 앉은, 즉 내 옆 자리의 촌 마누라와 같이, 무슨 이야깃거리가 될 만한 아무런 말도 행동도 없이 그저 담배만을 피우고 있었던 것이다.

회색 외투를 좀 퇴폐적으로 어깨에만 걸친 그 여인은 지금 제가 여러 사람의 시선 앞에 놓여 있는 것을 아는지 모르는지 그저 제 버릇인 양 이편 손으로 퍼머넌트를 쓸어올려 연방 귓바퀴에 걸치며 여전히 창 밖만을 내다보고 있었다. 내다본다지만 창 밖은 벌써 어두워 닫힌 겹유리 창에는 궐녀의 진한 자줏빛 저고리 그림자가 이중으로 비치어, 해글러 놓은 화롯불같이 도리어 이편을 반사하는 것이었다. 이런 형용은 좀 사치한 것 같지만, 그런 화롯불 위에 올려놓은 무슨 백자그릇같이 비친 궐녀의 얼굴 그림자 속에 빨갛게 켜지는 담뱃불을 불어 끄려는 듯이 그 여인은 동그랗게 모은 입술로 연기를 뿜고 있었다.

그 때 이편 문이 열리며, 차표를 보여 달라는 선문을 놓고 여객 전무가 들어왔다. 차례가 되어 차장이 어깨를 흔들어서야 이편으로 얼굴을 돌린 여인은 '죠오샤깽, 짜뾰요(조사요, 차표)' 하는 젊은 차장을 힐끗 쳐다보고 다시 외면하면서,

"쓰레노 히동아 못데루노요(그 사람이 갖고 있는걸요)."
하였다.

"쟈, 쯔레노 히동와(그럼, 그 사람은)?"
젊은 차장이 되묻는 말에 역시 외면한 대로 여인은 이편 손 엄지손가락을 들어 뒷담을 가리키며,

"하바까리(변소)."
하였다.

여객 전무는 제 차표를 왜 제가 가지고 있지 않느냐고 나무랐다. 그 말을 받아 '그러하놓고 안데' 하고 젊은 차장이 또 퉁명스럽게 핀잔을 주

었다. 그 여인은 홱 얼굴을 돌려 그들의 뒷모양을 흘기고는 눈살을 찌푸리며 돌아앉았다. 불쾌하다기보다 금방 울 듯한 얼굴이었다. 그만 일에 왜 저럴까 싶도록 히스테릭한 태도요 절박한 표정이었다. 그 후에 짐작한 것이지만, —— 그 자가 제 돈으로 산 차표라고 제가 가지는 걸 내가 어떻

게 하느냐 —— 고 울며 푸념이라도 하고 싶은 낯빛이었던 것이다.

차표를 뒤져 내고, 어감만으로도 불안한 '검사' 가 무사히 끝나서, 다시 차표를 간직하고 난 사람들은 사소한 흥분과 긴장이나마 치르고 나서 안도하는 낯빛이었다. 그러나 그런 우리네 중에 유독 말썽거리가 되어 아직도 그 흥분을 삭이지 못하는 모양인 그 여인의 행색은 더욱 우리의 주의를 끌밖에 없었다.

'그 신사의 딸일 리는 없고 혹 첩?' 내가 이런 생각을 하고 있을 때,

"만주루 북지루 댕겨 보문 돈벌인 색시 장사가 제일인가 보둔."

당꼬바지가 불쑥 이런 말을 시작하였다. 모두 덤덤히 앉았던 사람들은 마침으로 흥미있는 이야깃거리가 생겼다는 듯이 시선이 그에게 몰리자 그의 옆에 앉은 가죽 재킷이 그 말을 받았다.

"돈벌이야 작히 좋은가요, 하지만 자본이 문제거든, 색시 하나에 소불하 돈 천 원은 들어야 한다니까."

"이것이라니 아무리 요좀 돈이구루서니, 천 원이문 만 냥이 아니오."

이렇게 놀란 것은 물론 곰방대 영감이었다. 그러자 아까 그 실수를 한 젊은이가,

"요좀 돈 천 원이 무슨 생명 있나요. 웬만한 달구지 소 한 놈에두 천 원을 안 했게 그럽네까."

하고 이번에는 조심히 제 발부리에다 침을 뱉었다.

"그랜 해두, 녯날에야 윈틀루 에미나이보단 소 끔새가 앞셋디 될 말인가."

"녕감님, 건 촌에서 밋메누리감으루 딸 팔아먹든 녯말이구요……."

우리들은 그의 턱을 따로 새삼스레 그 여인을 유심히 보게 되었다. 나 역시 그 여인의 정체를 짐작할 수 있었다.

여전히 담배를 피우고 창밖만을 내다보고 있던 그 여인은 그런 말과 시선으로 보이지 않는 채찍을 등골에 느끼는 듯이 한 번 어깨를 흠칫하

고 외투를 치켜올리는 것이었다. 아까부터 그 여인의 저고리 도련*을 만져 보고 치맛자락을 비죽여 보던 촌 마누라는 무엇에 놀라기나 한 것 같이 움츠린 손으로 자기 치마 앞을 털었다.

"사람들이 빌어먹는 꼴이 다 각각이거든."

"각각일밖에 안 있나."

"어째서?"

"각각 제 생긴 데루 빌어먹게 매련이니까 달르지."

"그럼 누군 갈보 장사나 해먹게 생겼던가?"

"보구두 몰라."

"어떻게?"

"옆에다 색실 척 대리구 가잖아."

"하하하."

"하하하."

가죽 재킷과 캡이 이렇게 받고 차기로 떠들고 웃었다.

"건 웃음의 말씀이라두, 정말 사실루 사람을 쳐 보문 알거덩요."

당꼬바지는, 이렇게, 자기가 꺼낸 갈보 타령이 맹랑하게 시작한 말이 아니었다는 것을 발명이나 하듯이 빈 자리를 턱으로 가리키며,

"이 잘 보소고레, 괘애니 저 혼자 점잖은 척하누라구 눈살이 꿋꿋해 앉 았어두 상판에 개기름이 번즐번즐한 거이 어디 점잖은 데가 있소?"

하였다.

"다들 그러니끼니 그런가부다 하디, 목잔 좀 불량해두, 이내 존대라 구, 난 첨엔 어니 군주산가 했소."

하는 노인은 고무신부리에 곰방대를 털었다. 그런 노인의 말에 당꼬바 지는,

---

*도련 두루마기, 저고리 자락의 끝둘레.

"녕감님두 의대조대나 새나요. 요좀엔 돈만 있으문 군쭈사가 아니라 두 누구나 그보다두 뜀떼 먹게 채릴 수 있다우."

하고 껄껄 웃었다.

"그래두 저한테 물어 보소 매라나, …… 난…… 우리 겉은 건……."

이렇게 말끝을 아물지 않고 만 것은 그 실수를 저지른 젊은이였다.

역시 천장을 쳐다보는 그는 웬 까닭인지 아까보다도 더 얼굴이 빨개지는 것이었다. 사람들은 또 웬 까닭인지 와하하 웃음을 터뜨렸다.

"아까 미섭습데까?"

실컷 웃고 난 캡이 이렇게 묻자 또들 웃었다. 그 말을 받아 당꼬바지가 빈정거리는 투로 이런 말을 하였다.

"왈루 미섭긴 정말 점잖은 사람이 미섭다우. 이렇게(역시 턱으로 빈자리를 가리키며) 점잖은 테하는 사람이야 뭐 미서울 거 있소. 이제 두구 보소. 아까 보디 않았소. 고샐 못 참아서 백알을 먹드니 피꺽피꺽 피께질(딸꾹질)을 하는 걸 보디. 그런 잔 보긴 지풍미루워두 사궤만 놓문 사람 썩 도쉔다."

이런 시빗거리의 그 신사가 배갈을 먹고 한 번 껀뜩 존 것은 사실이지만 피께질을 한 적은 없었다. 그러나 이렇게 흥을 잡자고 하는 말에는 도리어 사실 이상으로 사실에 가깝게 들리는 말이었다.

"피께질을 했다!"

이번에는 가죽 재킷이 이렇게 따지고는 또들 웃었다. 그 때 변소에 갔던 신사가 돌아왔다. 제자리에 돌아온 그는 그 새만해도 무슨 변화가 생기지 않았나 경계하듯이·이 사람 저 사람의 얼굴을 둘러보며 다시 외투를 입었다. 사람들은 모두 웃음을 거두고 말을 끊고 말았다.

지금껏 이편을 유의했던 모양인 차장이 달려와 차표를 검사하며 아까 한 말을 되풀이하고, '고마리마쓰네(곤란합니다)'로 나무랐다.

당황한 신사는, '헤헤 스미마셍, 도오모 스미마셍(미안합니다. 대단히 미안해요)'을 노이고 또 노이며 뻘개진 낯으로 계면쩍다기보다 비굴한 웃음을 지어 보이는 것이었다. 그러고 나서 차표를 다시 속주머니에다 집어넣으며 그는 누가 들으라는 말인지, 그렇다기보다는 여러 사람이 다 들어 달라고 간청이나 하는 듯한 제법 눈웃음을 지어 보이며,

"제길, 후둥쫑이 나서 ××× ××× 하기만 하디 원제 씨원히 날오 야디요."

하고는 헤헤헤 웃는 것이었다. (아무리 작자가 결벽성을 포기하고 시작한 이 작품이지만 이 ××의 의음만은 복서하는 것이 작자인 나의 미덕일 것이 다.) 확실히 부드러운 말씨였다. 그리고 사교적인 웃음이었다. 아닌게 아니라 그 신사의 그런 말과 웃음은 여간만 효과적인 것이 아니었다.

"거 정말 급하웬다. 후둥쫑이 정 심한댄, 깜진 네펜네 첫아이 낳기만 이나 한 걸이요."

이같이 솔선하여 동정한 것은 당꼬바지였다. 그 말에 다른 사람들도 지금껏 그 남자를 배안시하던 눈에 웃음을 띠게 되었다.

"건 뭐 병이 아니라 술 탈이니낀, 메칠만 안 자시문 멜 하리요."

또 이런 급성적 우정으로 충고한 것은 캡 쓴 젊은이였다.

"그랠래니, 데런 냥반이야 찾아오는 손님으루 관팅 교제루 어디 뭐 술을 안 자실테 안 자실 수가 있을라구."

곰방대 노인이 이렇게 경의를 표하는 말에,

"아마 그럴 것이요."

하고 가죽 재킷 젊은이가 동의하였다. 이런 동정과 우의를 대번에 얻게 된 그 남자는 몇 번 신트림을 하고 나서,

"물론 것두 그렇고, 한 십 년 만주루 북지루 댕기멘서 그 추운 겨울엔 호주루 살아 버릇해서 여게 나와서두 안 먹던 못합네다가레."

하며 옆에 놓인 고량주 병을 들어 약간 흔들어 보고 만져 보는 것이었다.

"영업하는 덴 만준가요 북진가요?"

"뭐어 안 가 본 데 없디요. 첨엔 한 사오 년 일선으로 따라당기다가 너머 고생스럽드라니 그 담엔 대련서 자리 잡구 하다가 신경 와선 자식놈들한테 다 밀어 맺기구 작년부터 나오구 말았소."

"그 새 큰일났갔소고레."

당꼬바지가 또 묻는 말에,

"뭐 거저⋯⋯, 그랜 다른 노름 봐서야⋯⋯."

하며 만지던 술병을 여인의 등 뒤로 밀어넣으려 할 때 지금껏 눈여겨보고 있던 곰방대 노인이,

"거이 어디 이 녕감두 한 잔 먹어 볼까요?"

하며 나앉았다.

"이어 참, 미처 생각을 못 해서 실렐 했구만요. 이제라두 한 잔씩들 같이 합세다."

그래서 —— 이거 원 뜻밖 ——, 그러구 보니 이 영감 덕이로군 —— 하하하 —— 이런 웃음과 농지거리로 뜻밖의 술판이 벌어졌다.

그 중에 나만은 술을 통 먹지 못하므로 돌아오는 잔을 사양할밖에 없었다. 그들이 굳이 권하려 들지 않는 것이 여간만 다행한 일이 아니었다. 그러나 그들이 술 못 먹는 나를 아껴서보다도, 아무리 사람 좋은 그들이지만 지금껏 말 한 마디 참견할 기회가 없이 그저 침묵을 지킬밖에 없는 나에게까지 그런 우정을 느낄 수는 없을 것이다. 그래서 그들은 나를 경원하게 되는 모양이었다. 또 단순한 경원이라기보다도 자칫하면 좀전의 이 신사와 같이 반감과 혐의의 판을 치는 이야깃거리는 물론 그 남자의 내력담과 사업 이야기였다.

"⋯⋯ 사실 내놓구 말이디, 돈벌이루야 고만한 노릇이 없쉔다. 해두, 그 에미나이들 송화가 오죽한가요. 거이 머어 한 이삼십 명 거느릴래문 참 별에별 꼴 다 봅녠다⋯⋯."

쩍하면 앓아눕기가 일쑤요, 그래두 명색이 사람이라 앓는데 약을 안

쓸 수 없으니 그러자면 비용은 비용대로 처들어 가고 영업은 못하고, 요행 나으면 몰라도 덜컥 죽으면 돈 천 원쯤은 어느 귀신이 물어간지 모르게 장비까지 '보숭이' 칠을 해서 없어진다는 것이었다.

"앓다 죽는 년이야 죽고파서 죽갔소. 그래 건 또 좀 양상이디만, 이것들이 제깐엔 난봉이 나디 않소. 제법 미어 죽는다 산다 하다가는 정사합네 하디 않으문 달아나기가 일쑤구……."

이렇게 말이 채 끝나기 전에 술잔이 돌아와 받아 든 그는,

"이게 다섯 잔 챈가?"

하며 들여다보는 그 잔은 할 수만 있으면 면하고 싶지만 그러나 우정으로 달게 받아야 할 희생 같은 잔인 모양이었다. 그래서 마시기로 결심한 그는 일종 비장한 낯빛을 지으며 꿀꺽 들이키었다. 그리고는 부르르 몸서리를 치자 더욱 붉어진 눈방울을 어둑 크게 치뜨며,

"사람이 기가 멕헤서, 글쎄 이 화상을 찾누라구 자식놈들은 만주 일판을 뒤지구 난 또 여기서 돈 쓰구 애먹은 생각을 허문 거저 쥑에두……."

이런 제 말에 벌컥 격분한 그는 주먹을 번쩍 들었다. 막 그 여인의 뒷덜미에 떨어질 그 주먹을 쳐다보는 사람들은 한순간 숨을 죽일밖에 없었다. 한순간 후였다. 와하하 사람들의 웃음이 터지었다. 그 주먹이 슬며시 내려오고 그 주먹의 주인이 히히히 웃고 만 까닭이었다. 그 동안 눈을 꽉 감을밖에 없었던 나는 간신히 그 여인을 바라보았다.

여인은 제 얼굴 그림자를 통살라 버리도록 담배를 빨아 들이켜고 있었다. 그런 주먹의 용서를 다행하게나 고맙게 여기는 눈치는 조금도 찾아볼 수 없었다. 그런 여인의 태도에는 지금의 풍파는 있었던 것 같지도 않았다. 하기야 한순간, 실로 한순간이었지만, 터졌던 웃음소리는 아직도 허허 킬킬하는 여운으로 계속되었다. 나는 그런 그들의 웃음을 악의로 듣지는 않았다. 오히려 폭력의 중지에 안심하고 학대 일순 전에 놓치는 요술 같은 신사의 관용을 경탄하는 호인들의 웃음이라고도 할

것이다. 그러나 그런 웃음이 주먹보다도 그 여인의 혼을 더욱 학대하는 것 같은 건 웬 까닭일까. 그 때 차는 어느 작은 역에 멎었다. 아까 실수한 젊은이와 곰방대 노인이 내렸다. 그들은 그런 웃음을 채 웃지 못한 채 총총히 내리고 만 것이다. 밤중의 작은 역이라 그 자리에 대신 오르는 사람도 없이 차는 또 떠났다.

"좌우간 무던하겠쉐다. 저이 집 식구가 많아두 씩둑깍둑 말썽인데 그것들이 어떻게 돌아먹은 년들이라구."

당꼬바지는 코 멘 소리로 또 말을 시작하였다. 그러나 그 신사는 어느 새 건뜩 졸다가는 눈을 뜨고 눈을 떴다가는 또 졸고 할 뿐 대답이 없었다. 아직도 좀 남은 술병은 마주 앉은 세 사람 사이로 돌아갔다.

"이왕이문 데 색시 오샤쿠(술따르기, 접대) —— 루 한 잔 먹었으문 도오캇는데."

"말 말게. 이제 하든 말 못 들었나?"

"뭘."

"남 정든 님 따라 강남 갔다 부뜰레서 생이별하구 오는 판인데 무슨 경황에 자네 오샤쿠하겠나?"

"오샤쿠할 경황두 없이 츠라이 시츠렝(실연)이문 발쎄 죽었지 죽어."

"사람이 그렇게 죽기가 쉬운 줄 아나?"

"나아니, 와케 나이요(뭘, 간단하지). 정말 말이야 도망을 하지 아니치 못하리만큼 말이야 알겠나? 도망을 해서라두 말이야, 잇셔니 나루(함께 사는 것) 하지 않으문 못 살 코이비도(연인)문 말이야, 붙들렸다구 죽여 주소 하구 따라올 이가 없거든 말이야, 응 안 그래? 소랴아 기미(그 때) 혀라두 깨물고 죽을 것이지 뭐야, 응 안 그래."

이런 말이 나오자 그 여인은 무엇에 찔린 듯이 해쓱해진 얼굴을 그 편으로 돌리었다. 그 편에서 지껄이는 사람들을 바라보는 그 눈은 지금 그런 말을 누가 했느냐고 묻기라도 할 듯한 눈이었다. 그러나 취한 그

들은 그런 여인의 눈과 마주쳐도 조금도 주춤하는 기색도 없었다. 도리어 당꼬바지는,

"거 사실 옳은 말이야, 정말 아싸리한 계집이문 비웃살 좋게 도망두 안 할걸."

이렇게 그 여인의 얼굴을 보이지 않은 말의 채찍으로 후려갈기었다.

"자, 어서 술이나 마저 먹지 거 왜 아무 상관없는 걸 가지구 그럴 거 있나."

가장 덜 취한 모양인 가죽 재킷이 중재나 하듯 말하며 잔을 건네었다.

잔을 받아 든 젊은이는 비척 몸을 가누지 못하며 또 지껄이었다.

"가노조(여자)말이야, 덴카노 기루보자 나이카(전가의 보도가 아니야). 왜 우리한테 상관이 없어."

그 때 차창 밖에 전등의 행렬이 보이자 차가 멎었다. 금시에 정신이 든 듯한 두 젊은이는,

"우린 여기서 먼츰 실례합니다."

"한참 심심치 않게 놀았는데요."

"사이나라(안녕)."

이런 인사를 던지듯 지껄이며 분주히 나가고 말았다.

한참 동안 코를 골며 잠이 들었던 그 신사는 떠들썩한 통에 깨기는 했으나 아직도 채 정신이 안 나는 모양이었다.

당꼬바지는 이야기 동무를 한꺼번에 잃고 갑갑한 듯이 하품을 하다가 다음 역에서 내리고 말았다. 내 옆의 촌 마누라도 내려서 나는 그 자리에 옮아 젊은 여인과 마주 앉게 되었다. 그 신사는 시렁에서 손가방과 모자를 내리었다. 다음 S역에서 내릴 모양이다. 끌러 놓았던 구두끈을 다시 매고 난 신사는 손수건으로 입과 눈을 닦으며,

"그래 그만하문 너 잘못 간 줄 알디."

"……."

"네가 없다구 무서운 줄 모루구들…… 어디 실컷들 그래 봐라."

"……."

이렇게 혼자말같이 중얼거리었다. 여자는 역시 담배만 피우고 있었다. 새로 들어온 사람들은 지금까지의 사정을 모르므로 이런 말에 뛰어들어 한때 무료를 잊을 이야깃거리를 삼을 수는 없었다. 이 이상 더 그 여인을 치고 차는 말이나 눈초리도 없이 S역에 닿았다. 여자를 데리고 내릴 줄 알았던 신사는 차창을 열고 거의 쏟아질 듯이 상반신을 내밀었다. 혼잡한 플랫폼에서 누구를 찾는지 두리번거리던 그는 고함을 치기 시작하였다. 몇 번 부르자 차창 앞에 달려온 젊은이에게 물었다.

"네 형이 온대드니 어떻게 네가 왔니?"

"형님은 또 ×××에 가게 됐어……."

"겐 또 왜?"

그 젊은이는 털모자를 벗어 쥔 손가락으로 머리를 긁적거리며 난처한 대답을 하는 것이다.

"그 새 옥주년이 또 달아나서……."

"뭐야?"

"옥주년이 또……."

"이 새끼."

창틀을 짚었던 손이 번쩍하고 젊은이의 뺨을 갈겼다. 겁결에 비켜서는 젊은이가,

"그래두 니여 잽혀서 지금 찾으레……."

하는 것을,

"듣기 싫다."

하며 또 한 번 뺨을 철썩 후려쳤다.

"정말 찾긴 찾았단 말이가? 어서 이리 들어나 오날."

들어온 젊은이는, 빨리 손쓴 보람이 있어 ××에서 붙들었다는 기별

을 받고 찾으러 갔다고 설명하였다. 비로소 성이 좀 풀린 모양, 신사는 여기 일이 바빠서 제가 갈 수 없는 것을 걱정하고 여인의 차표와 자리를 내주고 내렸다.

또 차가 떠났다. 차창 밖의 그 신사는 뒤로 흘러가고 말았다. 앉으려던 젊은이는 제 얼굴을 쳐다보는 그 여인의 눈과 마주치자 아무런 말도 없이 그 뺨을 후려쳤다. 여인의 머리가 휘청하며 얼굴에 흐트러지는 머리카락을 늘 하던 버릇대로 귓바퀴 위에 거두어 올리었다. 또 한 번 철썩 소리가 났다. 이번에는 여인의 저편 손가락 끝에서 담배가 떨어졌다. 세 번째 또 손길이 갔다. 여인은 떨리는 아랫입술을 옥물었다. 연기로 흐릿한 불빛에도 분명히 보이리만큼 손자국이 붉게 튀어오르기 시작하는 뺨이 푸들푸들 경련을 일으키는 것이었다. 하얗게 드러난 앞니로 옥문 입 가장자리가 떨리는 것은 북받치는 울음을 참는 모양이었다. 그러나 마주 보는 내 눈과 마주친 그 눈은 분명히 웃고 있었다. 그러고 보면 경련하는 그 뺨이나 옥문 입술로 참을 수 없는 웃음을 억제하는 것같이 보이기도 하였다. 나는 나를 잊어버리고 그러한 여인의 얼굴을 바라볼밖에 없었다. 종시 여인의 눈에는 눈물이 어리우기 시작하였다. 한 번만 깜박하면 쭈르르 쏟아지게 가득 눈물이 고였다. 나는 그 눈을 더 마주 볼 수는 없어서 얼굴을 돌릴밖에 없었다.

"어데 가?"

조금 후에 이런 젊은이의 고함 소리가 났다.

"……."

여인은 대답이 없이 눈물에 젖은 얼굴을 수건으로 가리며 턱으로 변소 쪽을 가리켰다. 여인이 가는 곳을 바라보고 변소 문 여닫는 소리를 듣고 또 지금 차가 전속력으로 달리고 있다는 것을 몸으로 짐작한 그는 비로소 안심한 듯이 담배를 꺼내 물고,

"실례합니다."

하고 문턱에 놓인 성냥을 집어 갔다. 여인의 성냥이 아까 창으로 내다 보던 그 남자의 팔굽이에 밀려서 내 편으로 치우쳤던 것이다.

"고맙습네다. 참 이젠 너무 실례해서……."

성냥을 도로 갖다 놓으며 수작을 붙이려 드는 것이었다.

그 젊은이가 이같이 추근추근 말을 붙이는 데 대꾸할 말도 없었지만 그보다도 나는 어쩐지 퍽 지리한 여행을 한 것 같고 앞으로도 또 그래 야 할 길손같이 심신이 퍽 피로한 듯하였다. 그런 신경의 착각일까, 웬 까닭인지 내 머릿속에는 금방 변기 속에 머리를 처박고 입에선 선지피 를 철철 흘리는 그 여자의 환상이 선히 떠오르는 것이었다. 따져 보면 웬 까닭이랄 것도 없이 아까 '심심치 않게 잘 놀았다'는 그들의 하잘것 없는 주정의 암시로 그렇겠지만 또 그리고나야 남의 일이라 잔인한 호 기심으로 즐겨 이런 환상도 꾸미게 되는 것이겠지만, 설마 그 여인이야 제 목숨인데 그만 암시로 혀를 끊을 이가 있나 하면서도 웬 까닭인지 머릿속에 선한 그 환상은 지워지지가 않는 것이었다. 더욱이 아까 입술 을 옥물고도 웃어 보이던 그 눈을 생각하면 역력히 죽을 수 있는 매진 결심을 보여 준 것만 같아서 더욱 마음이 초조해지고 금시에 뛰어가서 열어 보고 안 열리면 문을 깨뜨리고라도 보고 싶은 충동에 몸까지 들먹 거리기도 하는 것이었다. 지나간 사정을 알 리 없는 새로 들어온 사람 은 물론이요, 그 젊은이까지도 이런 절박한 사정(?)은 모를 터인데 나까 지 이렇게 궁싯거리기만 하는 동안에 사람 하나를 죽이고 마는 것이 아 닐까 —— 이렇게까지 초조해하면서도 그런 내 걱정이 어느 정도까지 망상이요 어느 정도까지가 이성적인지 갈피를 잡을 수 없어 더욱더 초 조할밖에만 없었다. 이런 절박한 사태(?)를 짐작도 할 리 없는 사람들 은, 단순히 때리고 맞는 그 이유만이 궁금한 모양이었다.

"그 왜들 그럽네까."

궁금한 축 중의 한 사람이 나 대신 말을 받아 묻는 것이었다.

"거어 머 우서운 일이디요."

하고 그 젊은이는 싱글싱글 웃으면서,

"가따나 그 에미나이들 성화에 화가 나는데, 집의 아버지까지 그러
니, 아버지한테 얻어맞은 억울한 화풀일 그것들한테나 하디 어데다
하갔소. 그래서 거기……."

하고는 히들히들 웃는 것이었다. 묻던 사람도 따라 웃었다. 듣고 보면 더
캐어물을 것도 없이 명백한 대답이었다. 때릴 수 있어 때리고 맞을 처지니
맞는 것뿐이다. 이런 명백한 현실을 듣고 보는 동안에도 나의 망상은(?)
저대로 그냥 시간적으로까지 진행하여, 지금 아무리 서둘러도 벌써 일은
저지르고 만 것이었다. 싸늘하게 굳어진 여인의 시체가 흔들리는 마룻바
닥에서 무슨 짐짝이나 같이 퉁기고 뒹구르는 양이 눈 감은 내 머릿속에서
도 굴러다니는 것이었다. 아아, 그러나 이런 나의 악몽은 요행 짧게 끊어
지고 말았다. 그 여인이 내 무릎을 스치며 제자리로 돌아왔다. 무사히 돌
아올 뿐 아니라, 어느 새 화장을 고쳤던지 그 뺨에는 손가락 자국도, 눈물
흔적도 없이 부옇게 분이 발려 있는 것이었다. 그리고 당장이라도 직업 의
식적인 추파*로 내게 호의를 고할 듯도 한 눈이었다. 어쨌든 나는 그 여인
이 그렇게 태연히 살아 돌아온 것이 퍽 반가웠다.

"옥주년도 접했어요?"

내가 비로소 듣는 그 여인의 말소리였다.

"그래, 너 이년들 둘이 트리했든 거로구나."

하는 젊은이의 말도, 지난 일이라 뭐 탄할* 것도 없다는 농조였다.

"트리야 뭘 했댔갔소, 해두 이제 가 만나문 더 반갑갔게 말이웨다."

이런 여인의 말에 나는 웬 까닭인지 껄껄 웃어 보고 싶은 충동을 겨
우 억제하였다.

---

* 추파 사모의 정을 나타내거나 남자의 관심을 끌기 위해 은근히 보내는 여자의 눈짓.
* 탄하다 남의 일을 아랑곳하여 시비하다. 또는 탓하여 나무라다.

비 오는 길

성 밖 한 끝에 사는 병일이가 봉직하고 있는 공장은 역시 맞은편 성 밖 한 끝에 있었다. 맞은편이지만 사변형의 대각은 채 아니므로 30분쯤 걷는 그 길은 중로(중도)에서 성 안 시가지의 한 모퉁이를 약간 스칠 뿐이다.

집을 나서면 부 행정구역도에 없는 좁은 비탈길을 십여 분간 걸어야 한다. 그 길은 여름날 새벽에 바재게* 뜨는 햇빛도 서편 집 추녀 밑에 간신히 한 뼘 넓이나 비칠까 말까 하게 좁은 길을 사이에 두고 작은 집들이 서로 등을 비빌 듯이 총총히 들어박힌 골목이다.

이 골목은 언제나 그렇듯 한산한 탓인지 아침저녁 어두워서만 이 길을 오고가게 되는 병일은 동편 집들의 뒷담 꽁무니에 열려 있는 변소 구멍에서 어정거리는 개들과 서편 집들의 부엌에서 행길로 뜨물을 내쏟는 안질(눈병)난 여인들밖에는 별로 내왕하는 사람을 볼 수 없었다.

---

*바재게 바삐, 혹은 빠르게.

일찍이 각기병으로 기운이 빠진 병일의 다리는 길을 좀 돌더라도 평탄한 큰 거리로 다니기를 원하였다. 사실 걷기 힘든 길이었다.

봄이면 얼음 풀린 물에 길이 질었다. 여름이면 장맛물이 그 좁은 길을 개천 삼아 흘렀다. 겨울에는 아이들이 첫눈 때부터 길을 닦아 놓고 얼음을 지치었다.

병일은 부드러운 다리에 실린 몸의 중심을 잡기 위하여 외나무 다리나 건너듯이 두 팔을 허우적거리며 걷는 것이었다.

봄의 눈 녹은 물과 여름 장마를 치르고 나면 이 길은 돌짝길*이 되고 말았다. 그 때에는 이 어두운 길을 걷는 병일이가 아끼는 그의 구두 콧등을 여지없이 망쳐 버리는 것이었다. 비록 대낮이라도 비행기 소리에 눈이 팔리거나 머리를 수그렸더라도 무슨 생각에 정신이 팔리면 반드시 영양 불량성인 아이들의 똥을 밟을 것이다.

봄이 되면 그 음침한 담 밑에도 작은 풀잎새가 한 떨기씩 돋아나기도 하였다. 이 골목에 간혹 들어박힌 고가의 기왓장에 버짐같이 돋친 이끼가 아침 이슬에 젖어서 초록빛을 보이는 때가 있지만 한 줌 한 줌씩 아껴 가며 구차하나마 이 돌짝길의 기슭을 치장하여 놓은 어린 풀떨기는 이 빈민굴도 역시 봄을 맞이한 대지의 한 끝이라는 느낌을 새롭게 하였다.

밤이면 행길로 문을 낸 서편 집들 중에 간혹 문기둥을 단 집이 있었다. 그것은 토지, 가옥, 인사, 소개업이라는 간판을 붙인 집이었다.

그것도 같은 집에 늘 있는 것이 아니다. 이 모퉁이를 지나면 있으려니 하였던 문등이 없어지기도 하고, 저 모퉁이는 어두우려니 하고 가면 의외로 새 문등이 켜 있기도 하였다.

요사이 문등이 또 한 개 새로이 켜지었다. 저녁마다 장구 소리와 어울려서 나이 어린 계집애의 목청으로 부르는 노랫소리가 새어 나오던

---

* 돌짝길 돌이 많은 길.

집이었다.

새 문등이 달리자 초롱을 든 인력거꾼이 그 집 문밖에서 기다리는 것을 보게 되었다. 그리고 이 여름에는 초저녁부터 그 집 안방에 가득 차게 쳐 놓은 생초 모기장을 볼 수 있었다.

다른 집들은 이 여름에도 여전히 모기쑥을 피우고 있다. 그 집도 작년까지는 모기쑥을 피웠던 것이었다. 저녁마다 집으로 돌아올 때에 모기쑥 내에 잠긴 이 골목에서 붉은 도련을 친 그 초록 모기장을 볼 때마다 병일이는 위쪽지를 척 도려 놓은 수박을 연상하였다.

이 골목을 지나가면 새로운 시구 계획으로 갓 닦아 놓은 넓은 길에 나서게 된다.

옛 성벽 한 모퉁이를 무찌르고 나간 그 거리는 아직 시가다운 시가를 이루지 못하였다.

헐린 옛 성 밑에는 낮고 작은 고가들이 들추어 놓은 고분 속같이 침울하게 벌여져 있고, 그것을 가리기 위한 차면같이 회담에 함석 이엉을 덮은 새 집들이 단벌 줄*로 나란히 서 있을 뿐이다. 이러한 바로크식 외짝 거리의 맞은편은 아직도 집들이 들어서지 않았었다. 시탄(땔나무와 숯) 장사, 장목(굵고 긴 나무) 장사, 옹기 노점, 시멘트로 만드는 토관 제조 공장 등 성 밖에 빈 땅을 이용하는 장사터가 그저 남아 있었다.

도시의 발전은 옛 성벽을 깨뜨리고 아직도 초평(풀이 무성한 벌판)이 남아 있는 이 성 밖으로 뛰여나오기* 시작한 것이었다.

그리하여 아직도 자리잡히지 않은 이 거리의 누렇던 길이 매연과 발걸음에 나날이 짙어져 꺼멓게 멍들기 시작한 이 거리를 지나면 얼마 안 가서 옛 성문이 있었다. 그 성문을 통하여 이 신작로의 수직선으로 뚫린 시가가 바라보이는 것이었다. 그 성문 밖을 지나치면 신흥 상공 도

---

* 단벌 줄 한 줄.
* 뛰여나오다 틈을 비집고 나오다.

시라는 이 도시의 공장 지대에 들어서게 된다. 병일이가 봉직하고 있는 공장도 그 곳에 있었다.

병일이는 이 길을 2년간이나 걸었다. 아침에는 집에서 공장으로, 저녁에는 공장에서 집으로 가는 가장 가까운 길이므로 이 길을 걷는 것이었다.

병일이는 취직한 지 2년이 되도록 신원 보증인을 얻지 못하였다.

매일 저녁마다 병일이가 장부의 시재를 막아 놓으면 주인은 금고의 현금을 헤아렸다. 병일이가 장부에 적어 놓은 숫자와 주인이 헤아린 현금이 맞아떨어진 후에야 그 날 하루의 일이 끝나는 것이었다.

주인이 금고문을 잠근 후에 병일이는 모자를 집어들고 사무실 문 밖에 나선다. 한걸음 앞서 나섰던 주인은 곧 사무실 문을 잠가 버리는 것이었다. 사무실 마루를 쓸고 훔치고 손님에게 차와 점심 그릇을 나르고 수십 장의 편지를 쓰고 장부를 정리하는 등 소사와 급사와 서사의 일을 한 몸으로 치르고 난 뒤에 하숙으로 돌아가는 병일의 다리와 머리는 물병과 같이 무거웠다.

주인에게 작별 인사를 하고 공장문 밖을 나서면 하루의 고역에서 벗어났다는 시원한 느낌보다도 작은 별들이 반짝이는 하늘 아래 말할 수 없이 호젓하여짐을 금할 수 없었다. 그는 주인 앞에서 참고 있었던 담배를 가슴 속 깊이 빨아 들이켜며 이 연래(여러 해 이후)로 구하여도 어찌 못 하는 신원 보증인을 다시금 궁리하여 보는 것이었다.

현금에 손을 대지 못하고 금고에 들어 있는 서류에 참견을 못 하는 것이 책임 문제로 보아서 무한히 간편한 것이지만, 취직한 첫날부터 지금까지 하루도 변함없이 자기를 감시하는 주인의 꾸준한 태도에 병일이도 꾸준히 불쾌한 감을 느껴 온 것이었다.

주인의 이러한 감시에 처음 얼마 동안은 신원 보증이 없어서 그같이 못 미더운 자기를 그래도 써 주는 주인의 호의를 한없이 감사하고 미안하게 여겼었다.

그 다음 얼마 동안은 병일이가 스스로 믿고 사는 자기의 담박한 성정을 그리도 못 미더워하는 주인의 태도에 원망과 반감을 가지게 되었었다. 그러다가 최근에는 유독 병일이만을 못 믿는 것이 아니요, 자기(주인)의 아내까지 누구나 사람을 믿지 않는 것이 이 주인의 심술인 것을 알게 되자, 병일은 이러한 종류의 사람을 경멸할 수 있는 쾌감을 맛보았던 것이었다.

자기에게서 떠나지 않는 주인의 이 경멸할 감시적 태도를 병일이는 할 수 있는 대로 묵살하고 관심치 않으려고 하였다. 그러나 맨 처음 감사하고 미안하게 생각하였을 때나 그 다음 원망과 반감을 가졌을 때나 경멸하고 묵살하려는 지금이나 매일반으로, 아직까지 계속하는 주인의 꾸준한 감시적 태도에 대하여 참을 수 없이 떠오르는 자기의 불쾌감까지는 묵살할 수 없는 것이었다.

지금도 장부를 다시 한 번 훑어보고 있는 주인의 커다란 손가락에서 금고의 자물쇠 소리가 절거럭거리던 것을 생각할 때에는 시장하여 나른히 피곤하여진 병일의 신경에 헛구역의 충동을 일으키는 것이었다. 그러다가 눈앞에 커다란 그림자같이 솟아 있는 옛 성문을 쳐다보았다. 침침한 허공으로 솟아오를 듯이 들려 있는 누각 추녀의 검은 윤곽을 쳐다보고, 다시 그 성문 구멍으로 휘황한 전등의 시가를 바라보며 10만! 20만!이라는 놀라운 인구의 숫자를 눈앞에 그려 보았다.

'그들은 모두 자기네 일에 분망(몹시 바쁨)한 사람들이다.'

이러한 생각에 다시 허공을 향하는 병일의 눈에는 어둠 속을 날아 헤매는 박쥐들이 보였다. 박쥐들은 캄캄한 누각 속에서 나타났다가 다시 누각 속으로 사라지는 것이었다. 그것은 마치 옛 성문 누각이 지니고 있는 오랜 역사의 혼이 아직 살아서 밤을 타서 떠도는 듯이 생각되는 것이었다.

대개가 어두운 때였으므로 신작로에도 사람의 내왕이 드물었다. 설혹 매일같이 길을 어기는 사람이 있어도 언제나 그들은 노방(길가)의 타인이었다. 외짝 거리 점포의 유리창 안에 앉아 있는 노인의 얼굴이나 그 곁에 쌓여 있는 능금알이나 병일에게는 다를 것이 없었다.

비가 부슬부슬 떨어지기 시작하였다. 비안개를 격하여 보이는 옛 성문은 그 윤곽이 어둠 속에 잠겨서 영겁(아주 오랜 세월)의 비를 머금고 있는 검은 구름 속으로 녹아들고 말 듯이 보였다.

그러나 성랑(성곽에 세워 놓은 누각) 위에 높이 달아 놓은 망대의 전등이 누각 한편 추녀 끝에 불빛을 던지고 있었다. 이끼에 덮이고 남은 기왓장이 빛나 보이고, 그 틈서리에 길어난 긴 풀대가 비껴 오는 빗발에 떨리는 것이 보였다.

외짝 거리까지 온 병일은 어느 집 처마 아래로 들어섰다. 그것은 문등이 달린 조그만 현관이었다. 현관 옆에는 회 바른 담을 네모나게 도려내고 유리를 넣어서 만들어 놓은 쇼윈도가 있었다.

'하아, 여기 사진관이 있었던가!' 하고 병일은 여지껏 몰라보았던 것이 우스웠다. 그 작은 쇼윈도 안에는 값없는 16촉 전구가 켜 있었다. 그리고 퍼런 판에 금박으로 무늬를 놓은 반자지를 바른 그 안에는 중판쯤 되는 결혼 사진을 중심으로 명함판의 작은 사진들이 가득히 붙어 있었다. 대개가 고무 공장이나 정미소의 여공인 듯한 소녀들의 사진이었다. 사진의 인물들은 모두 먹칠이나 한 듯이 시꺼먼 콧구멍이 들여다보였다.

'압정으로 사진의 웃머리만을 눌러 놓아서 얼굴들이 반쯤 제쳐진 탓이겠지 ——.' 하고 병일은 웃고 있는 자기에게 농담을 건네어 보았다.

그들의 후줄근한 이마 아래 눌려 있는 정기 없는 눈과 두드러진 관골(광대뼈) 틈에 기를 펴지 못하고 있는 나지막한 코를 바라보면서 병일은 그들의 무릎 위에 얹혀 있을 거친 손을 상상하였다.

병일은 담배를 붙여 물고 돌아서서 발 앞에 쏟아지는 낙숫물 소리를 들으며 맞은편 빈 터의 캄캄한 공간을 바라보았다. 거기서 간간이 불어 오는 바람결마다 빗발은 병일의 옷자락으로 풍겨들었다.

옆집 유리창 안에는 닦아 놓은 푸른 능금알들이 불빛에 기름이나 바른 듯이 윤나 보였다. 그 가운데 주인 노파가 장죽을 물고 앉아 있었다. 피어 오르는 담배 연기를 바라보며 졸고 있는 것이었다. 푸른 연기는 유리창 안에서 천장으로 향하여 가늘게 떠오르고 있었다.

노파의 손에 들린 삿부채가 그 한 면에 깃든 검은 그림자를 이편 저편 뒤척일 때마다 가녀린 연깃줄은 흩어져서 능금알의 반질반질한 뺨으로 스미어 사라졌다.

그 때마다 병일은 강철 바늘 같은 모기 소리를 느끼고 몸서리쳤다.

빗소리 밖에는 —— 고요한 저녁이었다.

병일이는 다시 쇼윈도 앞으로 돌아서서 연하여 하품을 하면서 사진을 보고 있었다. 그 때에 갑자기 사진이 붙어 있는 뒤 판장이 제쳐지며 커다란 얼굴이 쑤욱 나타났다.

병일이의 얼굴과 마주친 그 눈은 한 겹 유리창을 격하여 잠시 동안 병일이를 바라보다가 붉은 손에 잡힌 비로 쇼윈도 안을 쓸어 내고 전등 알까지 쓰다듬었다. 전등알에는 천장과 연하여 풀솜오리(누에고치로 만든 솜의 실오라기) 같은 거미줄이 얽혀 있었다.

비를 놓고 부채로 쇼윈도 안의 하루살이와 파리를 쫓아내는 그의 혈색 좋은 커다란 얼굴은 직사되는 광선에 번질번질 빛나 보였다. 그리고 그의 미간에 칼자국같이 깊이 잡힌 한 줄기의 주름살과 구둣솔을 잘라 붙인 듯한 거친 눈썹과 인중에 먹물같이 흐른 커다란 코 그림자는 산 사람의 얼굴이라기보다 얼굴의 윤곽을 도려낸 백지판에 모필(털붓)로 한 획씩 먹물을 칠한 것같이 보였다.

병일은 지금 보고 있는 이 얼굴이나 아까 보던 사진의 그것은 모두 조화되지 않은 광선의 장난이라고 생각하였다. 그리고 암흑한 적막 속에 잠겨들고 만, 옛 성문 누각의 한편 추녀 끝만을 적시는 듯이 보이던 빗발이 다시 한 번 병일의 머릿속에 떠올랐다.

이렇게 서서 의식의 문밖에 쏟아지는 낙숫물 소리에 귀를 기울이며 있는 병일이는 광선이 희화화한 쇼윈도 안의 초상이 한 겹 유리창을 격하여 흘끔흘끔 자기를 바라보고 있는 충혈된 눈을 마주 보았다.

변한 바람세에 휘어진 빗발이 그들이 격하여 서로 바라보고 있는 유리창에 뿌려져, 빗방울은 금시에 미끄러져서 길게 흘러내렸다.

"희화된 초상화에서 흐르는 땀방울!"

병일이는 의식적으로 이러한 착각을 꾸며 보았다. 지금껏 자기를 흘끔흘끔 바라보는 그 충혈된 눈에 작은 반감을 가졌던 것이었다.

비에 놀란 듯한 얼굴은 쇼윈도에서 사라졌다. 그리고 현관문이 열렸다.

현관을 열어 잡고 하늘을 쳐다보던 그는,

"비가 대단하구만요. 이리로 들어와서 비를 그으시지요. 자, 들어오세요."

하고 역시 하늘을 쳐다보고 서 있는 병일에게 말하였다.

그의 적삼 아래로는 뚱뚱한 배가 드러나 보였다. 가차없이 비를 쏟치고 있는 푸렁덩한* 하늘같이 그의 내민 배가 병일의 조급한 신경을 거슬렸으나, 처음 보는 사람에게 이같이 친절한 것은 둥실한 그 배의 성격이거니 생각하며 권하는 대로 현관문 안에 들어섰다.

그는 병일에게 의자를 권하고 이어서 휘파람을 불면서 조금 전에 떼어 들었던 판장에서 사진들을 떼기 시작하였다.

---

* 푸렁덩하다 푸르뎅뎅하다.

함석 지붕에 떨어지는 빗소리는 어수선한 좁은 방 안을 침울하게 하였다. 구둣솔을 잘라 붙인 듯한 눈썹을 찌푸려서 미간의 외줄기 주름살은 더욱 깊어지고, 두드러진 입술에서 새어 나오는 휘파람 소리는 날카롭게 들렸다.

병일이는 빗소리에 섞여 오는 휘파람 소리를 들으며 테이블 위에 놓인 앨범을 뒤적이고 있었다.

"금년에는 비가 많이 올걸요."

휘파람을 불다 말고 사진사는 이렇게 말을 건네며 병일이를 쳐다보았다.

"글쎄요……?"

"두고 보시우. 정녕코 금년에는 탕수(홍수)가 나고야 맙네다."

"……글쎄요……?"

병일이는 역시 이렇게 대답할밖에 없었다.

"서문의 문지기 구렁이가 현신(몸을 드러냄)을 했답니다."

"……?"

말없이 쳐다만 보고 있는 병일에게 어떤 커다란 사변의 전말이나 설명하듯이 그는 일손을 멈추고,

"어젯저녁에는 비가 부슬부슬 오실 때 ——."

하고 말을 시작하였다.

어떤 사람이 우산을 받고 서문 안으로 들어갈 때에 누각 기왓장이 우산을 스치고 발 앞에 철썩철썩 떨어졌다. 그래 쳐다본즉, 그 넓은 기왓골에 십여 골이나 걸친 큰 구렁이가 박죽* 같은 머리를 내두르고 있었다고 한다. 사람들은 모여들었다. 그 중에 날쌘 젊은이가 올라가서 잡으려고 하였다. 노인들은 성문지기 구렁이를 해하면 재변이 난다고 야

---

* **박죽** '밥주걱'의 사투리.

단쳤다. 갈기려는 채찍을 피하여 달아나는 구렁이를 여기 간다 저기 간다 하며 잡지 말라는 노인들을 둘러싼 젊은이들은 문루에 올라간 사람을 지휘하며 웃고 떠들었다. 마침내 구렁이는 수많은 기왓골 틈으로 들어가 숨고 말았다. 안심한 노인들은, 분한 것 놓쳤다고 떠드는 젊은이들 틈에서 이 여름에는 무서운 홍수가 나리라고 걱정하였다고 한다.

"노인들의 증험이 틀리지 않습네다."

하고 그의 말은 끝났다.

"글쎄요."

병일이는 이렇게 꼭 같은 대답을 세 번이나 뇌기가 미안하였다. 그렇다고 '설마 그럴라구요' 하였다가 이 완고한 젊은이의 무지와 충돌하여 부질없는 이야기가 벌어지게 되면 귀찮은 일이다.

그 때에 현관문으로 작은 식함(음식 담은 함지)이 들어왔다. 오늘 만든 듯한 새 사진을 붙이고 있던 주인은 일감을 밀어 치우고, 식함에 놓인 술병과 음식 그릇을 테이블 위에 받아 놓고 의자를 당겨 앉으며,

"자, 우리 같이 먹읍시다. 이미 청하였던 것이지만."

하고 술을 따라서 병일에게 건네었다.

병일은 코끝에 닿을 듯한 술잔을 피하여 물러앉으며,

"미안합니다만 나는 술을 먹지 않습니다."

하고 거절하였다.

"그러지 마시구, 자 한잔 드시우. 자, 이미 권하던 잔이니 한 잔만……."

아직 인사도 안 한 그가 이렇게 치근스럽게(끈질기게) 술을 권하는 것이 불쾌하였다. 그래서 여러 번 거절하여 보았다. 그러나 이렇게 굳이 권하는 것은 이런 사람들의 호의로 생각할밖에 없었고, 더구나 돌아가는 잔이라든가 권하던 잔이라든가 하는 술꾼들의 미신적 습관을 짐작하는 병일이는 끝끝내 거절할 수가 없었다.

마지못해서 받아 마시고는 잔을 그의 앞에 놓았다. 술을 따라서 잔을 건네면 이 술추렴에 한몫 드는 셈이 되겠는 고로 빈 잔을 놓은 것이었다.

"자 ──, 이걸 좀 뜨시우. 이미 청하였던 음식이라 도리어 미안하웨다만……."

이렇게 말하며 일변 손수 술을 따라 마시면서 초계탕 그릇을 병일에게로 밀어 놓는다.

"자, 좀 뜨시우."

이렇게 다지고 그는 안으로 들어가서 은수저 한 벌을 더 가지고 나와서 자기가 마침 떠 먹으며,

"어, ── 시원해, 하루 종일 밥벌이하느라고 꾸벅꾸벅 일하다가 이렇게 한잔 먹는 것이 제일이거든요."

이러한 주인의 말에 병일이는 한 번 더,

"글쎄요."

하는 말이 나오려는 것을 누르고,

"피곤한 것을 잊게 되니깐 좋을 것입니다."

이렇게 동정하는 병일의 대답에 사진사는,

"참 좋아요. 아시다시피 사진 영업이라는 것은 기술이니만치 뼈가 쏘게* 힘드는 일은 아니지만, 매일 암실에서 눈과 뇌를 씁니다그려. 그러다가 이렇게 한잔……."

하며 그는 손수 술을 따라 마시고 나서,

"일이 그렇게 많습니까?"

하고 묻는 병일에게 잔을 건네며,

"그저 심심치 않지요. 또 혹시 일이 없어서 돈벌이를 못 한 날이면 술

---

*쏘다 '쑤시다' 의 함경 남도 사투리.

을 안 먹고 자고 마니까요. 하하."

이렇게 쾌하게 웃으며 연하여 술을 마시는 오늘은 돈벌이가 많았던 모양이었다.

병일이도 그가 권하는 대로 술잔을 받아 마시었다. 다소 취기가 돋듯한 사진사는 병일의 잔에 술을 따르며,

"참, 하시는 사업은 무엇이신가요? 하긴 우리 —— 피차에 인사도 안 했것다. 그러나 나는 선생이 늘 이 앞으로 지나시는 것을 보았지요. 나는 저 —— 이칠성이라고 불러 주시우. 그리구 앞으로 많이 사랑해 주시우."

이같이 기다란 인사가 끝난 후에 사진사는 병일이를 긴 상이라고 불러 가며 더욱 친절히 술을 권하면서,

"긴 상두 독립적으로 사업을 시작하시우. 나두 어려서부터 요 몇 해 전까지 월급 생활을 했지만⋯⋯."

하고 자기의 내력을 말하기 시작하였다.

병일이는 방금 말한 자기의 직업적 지위와 대조하여 사진사가 이같이 갑자기 선배연하는 태도로 말하는 것이 역하였다. 그래서 그의 내력담에 경의를 가지기보다도 그와 이렇게 마주 앉게 된 것을 후회하면서 일종의 경멸과 불쾌감으로 들었다.

내력담으로 추측하면 지금 그의 나이는 스물다섯이나 여섯일 것이다. 그가 3년 전에 비로소 이 사진관을 시작하기까지 열세 살부터 십여 년 동안 그의 직공은 그의 사진술(?)과 지금 병일의 눈앞에 보이는 이 독립적 사업으로 나타났다는 것이었다.

내력담을 마친 그는 등 뒤의 장지문을 열어젖히며,

"여기가 사장입니다."

하고 병일이를 돌아보며 일어서서 안내하였다.

사장(사진 찍는 기술이 갖추어진 곳) 안의 둔각으로 꺾인 천장의 한 면

에 유리를 넣었다. 유리 천장 밖으로 보이는 하늘은 캄캄하였다. 그리고 거기 내리는 빗소리는 여운이 없이 무겁게 들렸다.

맞은 벽에는 배경이 걸려 있었다. 이편 방 전등빛에 배경 앞에 놓인 소파의 진한 그림자가 회색으로 그린 배경 속 나무 위에 기대어졌다. 그리고 그 소파 앞에 작은 탁자가 서 있고, 그 위에는 커다란 양서 한 권과 수선화 한 분이 정물화같이 놓여 있었다.

사진사는 사장 안의 전등을 켜고 들어가서 검은 보자기를 씌운 사진기를 만지며,

"설비라야 별것 없지요. 이것이 제일 값가는 것인데 지금 사려면 삼백오륙십 원은 줘야 할 겝니다. 그 때도 월부로 샀으니깐 그 돈은 다 준 셈이지만······."

하고 자기가 소사로부터 조수가 되기까지 십여 년간이나 섬긴 주인이 고맙게도 보증을 해 주어서 그 사진기를 월부로 살 수가 있었다는 것과 지난 봄까지 대금을 다 치렀으므로 이제는 완전히 자기 것이 되었다는 것을 가장 만족한 듯이 설명하였다.

그리고 전등을 끄고 나오려던 사진사는 다시 어두워진 사장 안에 묵화 같은 수선화를 보고 섰는 병일의 어깨를 치며,

"참, 여기만 해도 어수룩합네다. 배경이라고는 저것밖에 없는데 여기 손님들은 저 산수 배경 앞에 걸터앉아서 수선화를 앞에 놓고, 넌지시 책을 펴들고 백이거든요."

하고 큰 소리로 웃었다. 자리에 돌아온 그가,

"차차 배경도 마련해야겠습니다."

하는 것으로 보아서 결코 그는 자기의 직업적 안목으로 손님들을 웃어 주는 것이 아니요, 이것저것 모든 것이 만족하여서 견딜 수가 없다는 웃음으로 병일이는 들었다.

부채로 식히고 있는 그 얼굴의 칼자국 같은 미간의 주름살도 거진 펴

진 듯이 보이었다.

사진사는 더욱더욱 유쾌하여지는 모양이었다. 그것이 술 취한 그의 버릇인지 —— 그는 아까부터 바른손으로 자기의 바른편 귀쪽을 잡아 훑으며 수다스럽게 이야기를 벌이고 있었다.

병일이는 작은 귤쪽같이 빨개진 사진사의 바른편 귀를 바라보면서, 하품을 하며 듣고 있었다.

사진사는 다시 한 번 귀쪽을 잡아 훑으며,

"긴 상은 몸이 강해서 그다지 더운 줄을 모르겠군요? 나는 술살인지 작년부터 몸이 나기 시작해서 —— 제기, 더웁기라니 —— 노인들의 말씀같이 부해져서 돈이나 많이 모으면 몰라도 밤에……."

하고 그는 적삼 아래 드러난 배를 쓸면서 병일이에게는 아직 경험 없는 침실의 내막을 이야기하고 큰 소리로 웃었다. 그리고 얼굴이 붉어진 병일이를 건너다보며, 어서 장사를 시작하고 하루바삐 장가를 들어서 사람 사는 재미를 보도록 하라고 타이르듯이 말하였다.

병일이는 '사람 사는 재미라니? 어떻게 살아야 재미나게 살 수 있느냐?' 고 사진사에게 물어 보고 싶기도 하였으나, 들어야 땀내 나는 그 말이려니 생각되어 다시 한 번 '글쎄요?' 를 뇌이고 기지개를 켜면서 시계를 쳐다보았다.

10시가 지난 여름밤에 ——. 어느덧 빗소리도 가늘어졌다.

비가 멎기를 기다려서 가라고 붙잡는 사진사에게 내일 다시 오기를 약조하고 우산을 빌려 가지고 나섰다. 몇 걸음 안 가서 돌아볼 때에는 쇼윈도 안의 불은 이미 꺼졌다. 캄캄한 외짝 거리의 점포들은 모두 판장문이 닫혀 있었다. 문틈으로 가늘게 새어 나오는 불빛에 은사실 같은 빗발이 지우산 위에서 소리를 낼 뿐이었다.

얼굴을 스치는 밤 기운과 손등을 때리는 물방울에 지금까지 흐려졌던 모든 감각이 일시에 정신을 차리는 것 같았다.

빈 터 초평에서 한두 마디의 청개구리 소리가 들려왔다. 병일이는 걸음을 멈추고 귀를 기울였다. 얼마 기다려서야 맹꽁맹꽁 우는 소리를 한두 마디 들을 수가 있었다. 때리는 빗방울에 눈을 끔벅이면서 맹꽁맹꽁 울 적마다 물에 잠긴 흰 뱃가죽이 흐물거리는 청개구리를 눈앞에 그려 보았다.

청개구리의 뱃가죽 같은 놈! 문득 이런 말이 나오며 병일이는 자기도 모를 사진사에게 대한 경멸감이 떠올랐다. 선득선득하고 번질번질한 청개구리의 흰 뱃가죽을 핥은 듯이 입 안에 께끔한* 침이 돌아서 발걸음마다 침을 뱉었다. 그리고 숨결마다 코앞에 서리는 술내가 역하여서 이리저리 얼굴을 돌리는 바람에 그의 발걸음은 비틀거렸다.

내가 취하였는가? 하는 생각에 그는 정신을 차렸으나 떼어 놓는 발걸음마다 철벅철벅하는 진흙물 소리가 자기 외에 다른 누가 따라오는 듯하여 자주 뒤를 돌쳐보기도 하였다.

청개구리의 뱃가죽 같은 놈! 하는 생각에 그는 자주 침을 뱉으며 좁은 골목에 들어섰다. 거기는 빗소리보다도 좌우편 집들의 처마에서 떨어지는 낙숫물 소리가 어지럽게 들렸다.

동편 집들의 뒷담은 무덤과 같이 답답하게 돌아앉아 있었다. 문을 열어 놓은 서편 집들의 어두운 방 안에서는 후끈한 김이 코를 스치고 아이들의 울음소리와 여인들의 잠꼬대 소리가 들렸다. 그리고 간혹 작은 칸델라를 켜 놓은 방 안에는 마른 지렁이 같은 늙은이의 팔다리가 더러운 이불 밖에서 움직이며 가래 걸린 말소리와 코고는 소리가 들리기도 하였다.

병일이는 아침에나 초저녁에는 볼 수 없던 한층 더 침울한 이 골목에 들어서 좌우편 담에 우산을 부딪히며 이것이 사람 사는 재미냐? 흥, 청개

* 께끔하다 메스껍고 역겹다.

구리의 뱃가죽 같은 놈! 이렇게 중얼거리며 다시 침을 뱉으며 걸었다.

뒤에서 찔릉찔릉 하는 종소리가 들렸다. 누렇게 비치는 초롱을 단 인력거가 오고 있었다. 병일이는 비칠거리는 걸음으로 앞서기가 싫어서 한편으로 길을 비끼고 섰다. 가까이 온 인력거의 초롱은 작은 갓모 같은 우비 아래서 덜덜 떨고 있었다. 반쯤 기운 병일의 우산 끝을 스치고 지나가는 인력거 안에서,

"아이 참, 골목두 이렇게 좁아서야."

하고 두세 번 혀를 차는 소리가 들렸다.

"아씨두 이전 아랫거리에 큰 집이나 한 채 사시고 가셔야지요."

인력거꾼이 숨찬 말소리로 이렇게 말하자,

"아이, 어느 새, 머 ——."

하는 기생의 말소리가 그치었으나 캄캄한 호로* 안에서 그 대꾸를 들으려고 귀를 갸웃하고 기다리는 양이 상상되는 음성이었다.

"왜요, 아씨만 하구서야 ——."

이렇게 하던 말을 채 마치지 못하고 숨이 찬 인력거꾼은 한 손으로 코를 풀었다.

"그렇지만 큰 집 한 채에 돈이 얼마기……."

이렇게 혼자말같이 하는 기생의 말소리는 금시에 호젓한 맛이 있었다. 인력거꾼은,

"아씨같이 잘 불리우면 삼사 년이면 그것쯤이야……."

하고 기생을 위로하듯이 아까 하던 말을 이었다. 그러나 호로 안에서는 잠깐 잠잠하였다가,

"수다(많은) 식구가 먹고 입고 사는 것만 해두 여간이 아닌데."

하는 기생의 말소리는 더욱 호젓하였다. 인력거꾼도 말을 끊었다. 초롱

---

* **호로** '인력거를 덮은 포장'이라는 뜻의 일본말.

불에 희미하게 비치는 진흙물에 떼어 놓는 발걸음 소리만이 무겁게 들렸다. 인력거는 작은 대문 앞에 멎었다. 컴컴한 처마 끝에는 빗물이 맺혀서 듣고 있는 동그란 문등이 흰 포도알같이 작게 비치고 있었다.

인력거에서 내린 기생은 낙숫물을 피하여 날쌔게 대문 안으로 들어갔다. 그리고 다시 대문 밖을 내다보며 인력거꾼에게,

"잘 가요."

하고 어린애같이 웃는 얼굴로 사라졌다.

병일이는 늙은 인력거꾼이 잡고 선 초롱불에 기생의 작은 손등을 반쯤 가린 낡은 솜과 동그란 허리에 감싸 올린 옥색 치마 위에 늘어진 붉은 저고리 고름을 보았다. 그것이 어린애와 같이 웃는 기생의 흰 얼굴과 어울려서 더욱 어리게 보였다. 그러나 이제 인력거꾼과 하던 말과 그 짧은 대화의 끝을 큼비한 생활고의 독백으로 맞추던 그 호젓한 말씨는 결코 어린애의 말이라고 들을 수는 없었다.

대문 안에서 사라진, 미상불 갓 깐 병아리 같은 솜털이 있을 기생의 얼굴을 눈앞에 그리며 그의 이야기 소리가 귓가에 남아 있는 병일의 머릿속에는 어릴 때 손가락을 베였던 의액이* 풀잎이 생각난다.

연하면서도 날카로운 의액이의 파란 풀잎이 머릿속을 스치고 사라지자 병일의 신경은 술에서 깨어나는 듯하였다. 돌아가는 인력거의 초롱불에 자기의 양복 바지가 말 못 되게 더럽힌 것을 발견하고 병일은 하염없는 웃음이 떠오름을 깨달았다.

하숙방에 돌아온 병일이는 머리맡에 널려 있는 책을 두겨서(포개어서) 베고 누웠다. 그는 천장을 쳐다보며 이 연래로 매일 걸어다니는 자기의 변화 없는 생활의 코스인 (오늘 밤 비 오는) 길에서 보고 들은 생활면을 다시 한 번 바라보았다. 그것은 새로운 것도 아니었다. 물론 진

---

* 의액이 억새.

기한 것도 아니었다. 오히려 그 같은 것을 머릿속에 담아 두고서 생각하는 자기가 이상하리만치 평범하고 속된 것이었다. 그러나 그같이 음산하고 버려져 있는 현실은 산문적이면서도 그 산문적 현실 속에는 일관하여 흐르고 있는 어떤 힘찬 리듬이 보이는 듯하였다. 그리고 그 리듬은 엄숙한 비판의 힘으로 변하여 병일의 가슴을 답답하게 누르는 듯하였다. 내게는 청개구리의 뱃가죽만한 탄력도 없고 의액이 풀잎 같은 청기도 날카로움도 없지 않은가? 이러한 반성이 머릿속에 가득 찬 병일이는 용이히(아주 쉽게) 올 것 같지 않은 잠을 청하려고 눈을 감았다.

우울한 장마는 계속이 되었다. 그것은 태양의 얼굴과 창공과 대지를 씻어 낼 패기 있는 폭풍우를 그립게 하는 궂은 비였다. 이 며칠 동안에는 얼굴을 편 태양을 볼 수가 없었다. 혹시 비가 개는 때라도 열에 뜬 태양은 병신같이 마음이 궂었다.

오래간만에 맞은편 하늘에 비낀 무지개를 반겨서 나왔던 아이들은 수목 없는 거리의 처마 아래로 다시 쫓겨갈밖에 없었다.

밤하늘에는 별들도 대개는 불을 켜지 않았다. 쉴새없이 야수 떼 같은 검은 구름이 달렸다. 그리고는 또 비가 구질구질 내렸다. 빗물 고인 웅덩이에는 수없는 곤두벌레들이 끊어 낸 신경 줄기같이 꼬불거리고 있었다. 병일이는 요즈음 독서력을 전혀 잃고 말았다.

어느 날엔가 늦도록 〈백치〉를 읽다가 잠이 들었을 때에 도스토예프스키*가 속 궁군 기침을 깃든 끝에 혈담(피 섞인 가래)을 뱉는 꿈을 꾸었다. 침과 혈담의 비말을 수염 끝에 묻힌 채 그는 혼몽해져서 의자에 기

* **도스토예프스키** 톨스토이와 함께 19세기 러시아 문학을 대표하는 세계적인 소설가(1821~1881). 대표작으로 〈가난한 사람들〉, 〈백야〉, 〈죄와 벌〉, 〈백치〉, 〈카라마조프가의 형제들〉 등이 있음.

도스토예프스키

대고 눈을 감았다.

그의 검은 눈자위와 오므라진 뱀과 같은 검은 정맥이 늘어선 벗어진 이마 위에 솟친 땀방울을 보고, 그의 기진한 숨소리를 들으며 눈을 떴었다. 그 때에 방 안에는 4시를 치려는 목종의 기름 마른 기계 소리만이 석걱석걱 들릴 뿐이었다.

이렇게 잠을 잃은 병일이는 〈백치〉 권두에 있는 작자의 전기를 다시 한 번 훑어보았다. 전기에는 역시 병일이가 기억하고 있는 대로 이 문호의 숙환으로는 간질의 기록만이 있을 뿐이었다.

도스토예프스키의 동양인 같은 수염에 맺혔던 혈담은 어릴 적 기억에 남아 있는 자기 아버지의 죽음의 연상으로 생기는 환상이라고 생각하였다.

근자에 병일이는 사무실에서 장부 정리를 할 때에도 혹시 후원에서 성난 소와 같이 거닐고 있는 니체가 푸른 이끼 돋친 바위를 붙안고 이마를 부딪치는 것을 상상하고 작은 신음 소리가 나오려는 것을 깨닫고는 몸서리를 치기도 하였다.

그럴 때마다 곁에서 담배를 피우며 신문을 뒤적이고 있는 주인을 바라볼 때 신문 외에는 활자와 인연이 없이 살아갈 수 있는 그들의 생활이 부럽도록 경쾌한 것 같았다. 사실 월급에서 하숙비를 제하고 몇 푼 안 남는 돈으로 탐내어 사들인 책들이 요즈음에는 무거운 짐같이 겨웠다.

활자로 박힌 말의 퇴적이 발효하여서 풍겨 오는 문학의 자극에 자기의 신경은 확실히 피곤하여졌다고 병일은 생각하였다. 피곤한 병일이는 사무실에서 돌아올 때마다 이 지리한 장마는 언제까지나 계속할 셈인가,고 중얼거렸다.

지금부터는 마음대로 할 수 있는 '나의 시간'이라고 생각하며, 돌아가는 길에 언제나 발을 멈추고 바라보는 성문을 요즈음에는 우산 속에 숨어서 그저 지나치는 때가 많았다. 혹시 생각나서 돌아볼 때에는 수없는 빗발에 씻기며 서 있는 누각을 박쥐조차 나들지 않았다. 전날 큰 구렁이가 기왓장을 떨어치었다는 말이 병일에게는 육친의 시체를 보는 듯한 침울한 인상을 주는 것이었다.

모기 소리와 빈대 냄새와 반들거리다가 새촘히 뛰어오르는 벼룩이가 기다릴 뿐인 바람 한 점 없는 하숙방에서 활자로 시꺼멓게 메워진 책과 마주 앉을 용기가 없어진 병일이는 어떤 유혹에 끌리듯이 사진관으로 찾아가게 되었다.

사진사도 병일이를 환영하였다. 그리고 거기는 술과 한담이 있었다.

여지껏 취흥을 향락해 본 경험이 없던 병일이는 자기도 적지 않게 마시고 제법 사진사와 같이 한담을 주고받을 수 있다는 것이 만족하게 생각되기도 하였다.

사진사가 수다스럽게 주워섬기는 이야기를 듣고 있는 동안에 병일이는 문득 자기를 기다릴 듯한, 어젯밤 펴 놓은 대로 있을 책을 생각하고 시계를 쳐다보기도 하였으나, 문밖의 빗소리를 듣고는 누구에게 대한 것인지도 모를 송구한 마음을 가라앉히는 것이었다. 그럴 때마다 그는 이야기에 신이 나서 잊고 있는 사진사의 잔을 집어서 거푸 마시었다.

밤 12시가 거진 되어서 하숙으로 돌아가는 병일이는 비를 맞는 것이 오히려 마음이 편하였다. '이것이 무슨 짓이냐!' 하는 반성은 갈라진 검은 구름 밖으로 보이는 별 밑에 한층 더하므로, '이 생활은 일시적이다. 장마의 탓이다.' 하는 생각을 오는 비에 핑계하기가 편하였던 것이다.

책상 앞에 돌아온 병일이는 '내 마음대로 할 수 있는 시간'이 모두 없어진 것을 새삼스럽게 느끼고 있는 자기를 발견하는 것이었다.

이른 아침 시간을 위하여 자야 할 병일이는 벌써 깊이 잠들었을 사진사의 코 고는 소리가 들리는 듯하여 잠이 오지 않았다.

요즈음 사진사는 술을 사양하는 때가 있었다. 손이 떨려서 사진 수정에 실수가 많으므로 얼마 동안 술을 끊어 볼 의사가 있다는 것이었다.

이 장마에 손님이 없어서 그이 역시 우울하게 지내는 모양이었다. 그러나 병일이가 술을 사서 권하면 서너 잔 후에는 이어 유쾌해지는 것이었다.

오늘도 유쾌해진 사진사가 병일에게 잔을 건네며,

"긴 상, 밤에는 무엇으로 소일하시우?"

하고 물었다.

전에는 사진사가 주워섬기는 화제는 대부분이 사진사 자신의 내력과 생활에 관한 이야기요 자랑이었다. 혹시 도를 지나치는 그의 살림 내정 이야기에 간혹 미안히 생각되는 때가 있었으나 마음놓고 들으며 웃을 수 있었던 것이었다.

그렇던 것이 이 며칠은 병일의 술을 마시는 탓인지 사진사는 병일의 생활을 화제로 삼으려는 것이 현저하였다.

병일이가 월급을 얼마나 받느냐고 물은 것이 벌써 그저께였다.

어젯밤에는 하숙비는 얼마나 내느냐고 물은 다음에 —— 흐지부지 허튼 돈을 안 쓰는 '긴 상'이라 용처로 한 달에 기껏 6원을 쓴다 치고라도 한 달에 7, 8원은 저금하였을 터이니 이태 동안에 소불하(적어도) 200원은 앞세웠으리라고 계산하였다. 그 말에 병일이는 웃으며 —— 글쎄, 그랬더라면 좋았을걸 아직 한푼도 저축한 것이 없다고 하였더니 —— 내가 긴 상에게 돈 꾸려고 할 사람이 아니니 거짓말할 필요는 없다고 서두르다가 —— 정말 돈을 앞세우지 못하였다면 그 돈을 무엇에다 다 썼을까고 대단히 궁금해하는 모양이었다.

사진사가 오늘 이렇게 묻는 것도 그러한 궁금증에서 나오는 말인 것을 짐작하는 병일이는 하기 싫은 대답을 간신히,

"갑갑하니까 그저 책이나 보지요."

하고 담배 연기를 핑계로 찡그린 얼굴을 돌리었다. 사진사는 서슴지 않고 여전히 병일이를 바라보며,

"책? 법률 공부하시우? 책이나 보시기야 무슨 돈을그 렇게…… 나를 속이시는 말인지는 모르지만 혼자서 적지 않은 돈을 저금도 안 하고 다 쓴다니 말이 되오?"

이렇게 말하며 충혈된 눈을 더욱 크게 뜨고 병일이를 마주 보는 것이었다.

술이 반쯤 취한 때마다,

"사람이란 것은……."

하고 흥분한 어조로 자기의 신념을 말하거나 설교를 하려 드는 것이 사진사의 버릇임을 이미 아는 바요, 또한 그 설교를 무심중 귀를 기울이고 들은 적도 있었지만 오늘같이 병일의 생활을 들추어서 설교하려 드는 것은 대단히 불쾌한 것이다.

술에 흥분된 병일이는 '그래, 댁이 무슨 상관이오?' 하는 말이 생각나기는 하였으나, 이런 경우에 잘 맞지 않는 남의 말을 빌리는 것 같아서 용기가 없었다.

그렇다고 '돈을 아껴서 책까지 안 산다면 내 생활은 무엇이 됩니까? 지금 나에게는 도서관에 갈 시간도 없지 않소? 그러면 그렇게 책은 읽어서 무엇 하느냐고 묻겠지만, 나 역시 무슨 목적이 있어서 보는 것은 아닙니다. 하고는 어떻게 살아야 후회 없는 일생을 살 수 있는가? 하는, 즉 사람에게는 사람이란 무엇인가? 하는 의문이 있다는 것을 알고 나도 그것을 알아보려고 한 적도 있었지만, 지금은 고학도 할 수 없이 된 병약한 몸과 이 연래로 주인에게 모욕을 받고 있는 나의 인격과 울분한 반항이 —— 말하자면 모두 자기네 일에 분망한 세상에서 나도 내 생활을 위하여 몰두하는 시간을 가져 보겠다는 것이 나의 독서요.' 하고 이렇게 말한다면 말하는 자기의 음성이 떨릴 것이요, 그 말을 듣는 사진사는 반드시 하품을 할 것이라고 생각한 병일이는 하염없는 웃음을 웃고 나서,

"그럼, 나도 책 사는 돈으로 저금이나 할까? 책 대신 매달 조금씩 늘어 가는 저금 통장을 들여다보는 것으로 낙을 삼구……."

"아무렴, 그것이 재미지 —— 적소성대라니."

이렇게 하는 사진사의 말을 가로채어서,

"하하, 시간을 거꾸루 보아서 10년 후의 1,000원을 미리 기뻐하며, 하하."

하고 웃고 난 병일이는 아까부터 놓여 있는 술잔을 꿀꺽 마시고 사진사의 말을 막으려는 듯이 곧 술을 따라 건네었다.

술잔을 받아 든 사진사는 치*가 있는 듯한 병일의 말에 찔린 마음이 병일의 공소한(텅 빈) 웃음소리에 중화되려는 쓸개 빠진 얼굴로 병일이를 바라보다가 체신을 차리려고 호기 있게 눈을 굴리며,

"10년도 잠깐이요. 돈을 모으며 살아도 10년, 허투루 살아도 10년인데 같은 값이면 우리두 돈 모아서 남과 같이 살어야지……."

하는 사진사의 말을 받아서,

"누구와 같이? 어떻게?"

하고 대들 듯이 묻는 병일의 눈은 한순간 빛났었다.

들어야 그 말이지, 하고 생각하여 온 병일이는 이 때에 발작적으로 사진사가 꿈꾸는 행복이 어떤 것인가를 듣고 싶었던 것이었다.

"아니, 누구같이라니! 자, 긴 상, 내 말 들어 보소. 자, 다른 말 할 것 있소? 셋집이나 아니구 자그마하게나마 자기 집에다 장사면 장사를 벌이구 앉아서, 먹구 남는 것을 착착 모아 가는 살림이 세상에 상(가장 큰) 재미란 말이오."

하고 그는 목을 축이듯이 술을 마시고 병일에게 잔을 건네며,

"이제 두구 보시우. 내가 이대루 3년만 잘 하면 집 한 채를 마련할 자

---

*치 벌의 독바늘.

신이 꼭 있는데 그 때쯤이면 내 큰아들놈이 학교에 가게 된단 말이오. 살림집은 유축(구석)이라도 좋으니 학교 갓게다*, 집을 사고서 사진관은 큰 거리에다 번쩍하게 벌이고 앉히면 보란 말이오. 그렇게만 되면 머 —— 최창학이, 누구누구 다 부러울 것이 없단 말이오."

하고 가장 쾌하게 웃었다. 쾌하게 웃던 사진사는 잔을 든 채로 멀거니 자기를 바라보고 있는 병일의 눈과 마주치자 멋쩍게 웃음을 끊었다가 그럴 것 없다는 듯이 다시 웃음을 지어 웃으며,

"어떻소? 긴 상, 내 말이 옳소, 글소? 하하하."

하며 병일이가 들고 있는 술잔이 쏟아지도록 그의 어깨를 잡아 흔들었다.

병일이는 잔 밑에 조금 남은 술방울을 혓바닥에 척 돌려서 쓴맛을 맛보듯이 마시고 잔 밑굽으로 테이블에 작은 소리를 내며,

"글쎄요."

하고 얼굴을 수그리며 대답하였다.

사진사는,

"글쎄요라니?"

하니 병일의 대답이 하도 시들함을 나무라는 모양으로,

"긴 상은 도무지 남의 말을 곧이 안 듣는 것이 병이거든. 그리구 내가 보기엔 긴 상은 돈 모으고 세상살이할 생각은 않는 것 같단 말이야."

이렇게 말하는 사진사는 자기의 말을 스스로 긍정하는 태도로 병일이를 건너다보며 머리를 건득였다*.

병일이도 사진사의 말을 긍정할밖에 없었다.

사진사의 설교가 아니라도 이러한 희망과 목표는 이러한 사회층(물론 병일 자신도 운명적으로 예속된 사회층)에 관념화한 행복의 목표라는 것을

---

* 갓게다 근처에.
* 건득이다 끄떡이다.

모르는 바가 아니었다.

이러한 사회층의 일평생의 노력은 이러한 행복을 잡기 위한 것임을 어느 때 어느 곳에서나 늘 보고 듣는 것이었다. 그러나 병일이는 이러한 것을 진정한 행복이라고 믿을 수는 없는 것이었다. 그렇다고 나의 희망과 목표는 무엇인가고 생각할 때에는 병일의 뇌장은 얼어붙은 듯이 대답이 없었다. 이와 같이 별다른 희망과 목표를 찾을 수 없으면서도 자기가 처하여 있는 사회층의 누구나 희망하는 행복을 행복이라고 믿지 못하는 이유도 알 수 없는 것이었다.

희망의 목표를 향하여 분투하고 노력하는 사람의 물결 가운데서 오직 병일이 자기만이 지향 없이 주저하는 고독감을 느낄 뿐이었다. 다만 일생의 목표를 그리 소홀하게 결정할 것이 아니라고 간신히 자기에게 귓속말을 하여 보는 것이었다.

이러한 귓속말에 비하여 사진사의 자신 있는 말은 얼마나 사진사 —— 자신을 힘 있게 격려할 것인가? 더욱이 누구나 자기의 희망과 포부는 말로나 글로나 자라나고 있을 때보다 훨씬 빈약해 보이는 것이요, 대개는 정열과 매력을 잃고 마는 것인데, 이 사진사는 그 반대로 자기 말에 더욱더욱 신념과 행복감을 갖는 것을 볼 때 그는 참으로 행복스러운 사람이라고 생각할밖에 없었다.

이렇게 사진사를 행복자라고 생각하는 병일이는 그러한 행복 관념 앞에 여지없이 굴복하는 듯하였다. 그러나 진심으로 그 행복 관념에 복종할 수 없었다. 그러면 자기는 마치 반역하는 노예와 같이 운명이 내리는 고역과 매가 자기에게는 한층 더 심할 것이라고 생각되었다.

병일이는 이렇듯이 한 발걸음이나마 자신 있게 내짚을 수 있는 명일의 계획도 세우지 못하고 오직 가혹한 운명의 채찍 아래서 생명의 노예가 되어 언제까지 살지도 모를 일생을 생각하매, 깨어날 수 없는 악몽에서 신음하듯이 전신에 땀이 흐르는 것이었다. 이러한 강박 관념에 짓

눌려서 멀거니 앉아 있는 병일에게,

"참말 나, 긴 상에게 긴히 부탁할 말이 있는데……."

하고 사진사는 병일이를 마주 보는 것이었다. 사진사의 말과 시선에 부딪힌 병일이는 한 장 벌꺽 뒤치어 새 그림을 대한 듯한 기름기 있는 큰 얼굴에 빙그레 흘린 웃음을 바라보았다.

"긴 상, 여기 신문사 양반 아는 이 있소?"

하며 전에 없이 긴한 표정으로 사진사는 물었다.

"없어요."

하고 대답하는 병일이가 예기한 이상으로 사진사는 재미없다는 입맛을 다시고 나서,

"사람이라는 것은 할 수만 있으면 교제를 널리 할 필요가 있어."

하고 병일이를 쳐다보며,

"긴 상도 누구만 못지않게 꽁생원이거든!"

이렇게 말하고 이어서 하하 웃었다.

웃고 난 사진사는 말마다 '신문사 양반'이라고 불러 가며, 여기 유력한 신문 지국의 '지정 사진관'이라는 간판을 얻기만 하면 수입도 상당하거니와 사진관으로서는 큰 명예가 된다고 기다랗게 설명을 하였다.

일전에 지방 잡신으로 서문루에 길이 석 자 가량 되는 구렁이가 나타나서 작은 넌센스 소동을 일으켰다는 기사를 보고, 작은 것을 크게 보도하는 것이 신문 기자의 책임이거든, 옛날부터 있는 성문지기 구렁이를 석 자밖에 안 된다고 한 것은 무슨 얼빠진 수작이냐고 사진사는 대단히 분개하였던 것이었다.

"전부터 별러 온 것이지만 왜 지금 갑자기 이런 말을 하는가 하면…… 기회가……."

하고 사진사는 의논성 있게 한층 말소리를 낮추며,

"××× 사진관 주인이(전에 말한, 이전에 자기가 섬기던 주인이라고

그는 주를 달았다.) 오랜 해수병으로 오늘내일 하는 판인데 그 자리가 성 안 사진관치고도 그만한 곳이 없고, 게다가 완전한 설비도 있는 터이라, 이 기회에 유력한 신문 지국의 지정 간판만 얻어 가지고 가게 되면 남부러울 것이 없거든요."

하고 말을 이어서,

"자, 그러니 이 기회에 긴 상이 한 번 수고를 아끼지 않고 지정 간판을 얻도록 활동해 주시면⋯⋯."

하는 사진사의 말에 병일이는,

"이 기회라니⋯⋯ 그 사진관 주인이 딱 언제 죽는대요?"

하고 빙그레 웃었다.

"아이, 긴 상두, 원. 그러게 내가 긴 상은 남의 말을 곧이 안 듣는다고 하는 게오. 오늘내일 하는 판이라구 안 그러우. 설사 날래* 끝장이 안 난대두 지정 간판은 지금 여기다 걸어도 좋으니깐 달리 생각하지 마시고 좀 힘을 써 주시구려."

하고 사진사는 마시는 술잔 너머로 병일이를 슬쩍 훑어보았다. 병일이는 그러한 눈치가 싫었다. 그는 사진사의 눈치를 피하며 담뱃내를 천장으로 길게 뿜으며,

"천만에, 달리 생각하는 게 아니지. 나도 학생 시대에 테니스를 할 때에 세컨드 플레이가 되어서 남이 하는 게임이 속히 끝나기를 초조하게 기다린 경험이 있으니까요. 하하하."

하고 과장한 웃음을 웃었다.

"아무렴! 세상 일이 다 그렇구말구."

하고 사진사는 유쾌하게 껄껄 웃었다. 그리고 병일의 손목을 잡아 흔들며 ── 친구의 친구로 다리를 놓아서라도 '신문사 양반'에게 부탁하여

---

*날래 빨리.

'지정 간판'을 얻도록 하여 달라고 신신 부탁을 하는 것이었다.

　내일도 또 오라는 사진사의 인사를 들으며 행길에 나선 병일은 머리가 아프고 말할 수 없이 우울하였다.

　병일이가 돌아볼 때에는 사진관 쇼윈도의 불은 이미 꺼졌다. 사진사를 처음 만났던 밤에 우연히 돌아보았을 때 꺼졌던 불은 청개구리 소리를 듣던 곳까지 와서 돌아보면 언제나 꺼지던 것이었다. 병일이가 하숙으로 돌아가는 시간도 거진 같은 때였지만 쇼윈도의 불은 병일의 발걸음을 몇 걸음까지 세듯이 일정한 시간 거리를 두고 꺼지는 것이었다. 병일은 으레히 꺼졌을 줄 알면서도 돌아볼 때마다 그 불은 이미 꺼졌던 것이었다. 어떤 때 —— 유쾌하게 취한 병일이는 미리 발걸음을 멈추고, 이제 쇼윈도의 불이 꺼지려니 하고 기다리다가 정말 꺼지는 불을 보고는 '아니나다를까' 하고 웃은 적도 있었다.

　쇼윈도의 불이 꺼졌을 때마다 이 하루의 일을 완전히 필한(마친) 그들이 그들의 생활의 순서대로 닫쳐 놓은 막 밖에 홀로이 서 있는 듯이 생각되는 병일이는 한없이 고적한 것이었다.

　오늘따라 심히 아픈 병일의 머릿속에는 '사진사는 벌써 잘 것이다.' 하는 생각만이 자꾸자꾸 뒤대어 반복되었다. 자기도 모르게 그 생각을 입속으로 중얼거리고 있는 것을 알았다.

　어느덧 좁은 골목에 들어섰을 때에 빗물이 맺혀 듣고 있는 동그란 문등이 달린 대문을 두드리며, "난홍이, 난홍이!" 하고 부르는 사람이 보였다.

　처마 그림자 밖으로 보이는 고무 장화가 전등빛에 기다랗게 빛나며 나란히 서서 움직이지 않았다. 그리고 조심스럽게 대문을 두세 번 통통 두드리고는 역시 조심스러운 목소리로 "난홍이, 난홍이!" 하고 불렀다. 부르고는 가만히 소식을 기다리는 눈치였다. 그 때마다 병일이도 귀를 기울였다. 그리고 웬 까닭인지 마음이 두근거림을 깨달았다.

대문을 두드리고 '난홍이'를 부르고 귀를 재우고 기다리기를 몇 차례나 하였으나 종내 소식이 없었다. 할 수 없이 단념한 그 사람은 돌아섰다. 그와 마주 서게 된 병일이는, 멍하니 서 있는 자기의 얼굴을 가로 베이듯이 날카로운 시선이 번쩍 스칠 때 겨우 그 사람이 코 아래 팔자 수염을 보았을 뿐이었다. 머리를 숙이고 도망하듯이 하숙으로 달려온 병일이는 이불을 뒤쓰고 누웠다. 신열이 나고 전신이 떨렸다.

신열로 며칠 앓고 난 병일이는 여전히 그 길을 걸으면서도 한 번도 사진사를 찾지 않았다. 한때는 자기가 사진사를 찾아가는 것은 마치 땀 흘린 말이 누워서 뒹굴 수 있는 몽당판*을 찾아가는 듯한 것이라고 생각한 적도 있었다. 그러나 그 곳도 마음 놓고 뒹굴 수 있는 곳은 아니었다.

피부면에까지 노출된 듯한 병일의 신경으로는 문어의 흡반같이 억센 생활의 기능으로서의 신경을 가진 사진사의 생활면은 도리어 아픈 곳이었다.

이같이 사진사를 찾지 않으려고 생각한 병일이는 매일 오고가는 길에 사진관 앞을 지날 때마다 마음이 불안하였다. 그렇게 매일같이 찾아가던 자기가 갑자기 발을 끊는 것을 사진사는 나무랍게* 생각할 것 같았다. 그보다도 병일 자신이 미안하였다. 자기를 사랑하던(?) 사진사의 호의를 무시하는 행동같이도 생각되었다. 자기가 그를 찾지 않는 이유를 모르는 사진사는 그가 부탁하였던 '지정 간판'이 짐스러워서 오지 않는 것같이 오해하지나 않을까? 그렇다고 자기가 사진사를 피하는 진정한 심정을 소설 중의 주인공이 아닌 자기로서 그 역시 소설 중의 인물이 아닌 사진사에게 어떻다고 말할 수도 없는 것이었다.

이같이 생각하던 병일이는 마침내 이렇게 짐스러운 관심 때문에 자

* **몽당판** '몽당'은 '먼지'의 뜻. '몽당불'은 '모닥불'을 뜻함.
* **나무랍게** 섭섭하거나 노여워하게.

기 생활 중에서 얻기 힘든 사색의 기회를 주는 이 길 중도에 무신경하게 앉아 있는 사진사의 존재를 귀찮게 생각하기도 하였다. 아침에는 —— 물론 사진관 문이 닫혀 있었다. 어젯밤에도 혼자서 술을 먹고 아직 자고 있는가? 하긴 새벽부터 가게문을 열 필요는 없는 영업이니까! 하고 생각하였다. 그러나 저녁에는 — 열린 문 안에 혹시 사람의 흰 그림자가 보일 때마다 길에 걸쳐 놓은 뱀의 시체나 뛰어넘듯이 머리 밑이 쭈뼛하였다.

무슨 까닭인지 근자에 며칠 동안은 아침이나 저녁이나 사진관의 문이 닫혀 있었다. 이렇게 연 며칠을 두고 더운 여름 밤에 문을 닫고 있는 사진사의 소식이 궁금하기도 하였다. 한번 찾아 들어가서 만나 보고 싶기도 하였으나 그리 신통치도 않았던 과거를 되풀이하여서는 무엇하리 —— 하는 생각에 닫힌 문을 요행으로 알고 달렸다.

이렇게 지나기를 한 주일이나 지나친 어느 날이었다. 오래간만에 비 개인 아침에 병일이는 사무실 책상 앞에서 신문을 보고 있었다.

평양에 장질부사가 유행하여 사망자 다수 —— 라는 커다란 제목이 붙은 기사를 읽어 내려가다가 부립 P병원에 수용되었다가 죽었다는 사람의 씨명 중에 이칠성이라는 세 글자를 보았다. 병일이는 자기의 눈을 의심하였으나 주소와 직업으로 보아서 그것은 칠성 사진관 주인인 이 씨임에 틀리지 않았다.

병일이는 지금껏 자기 앞에서 이야기를 하여 들려 주던 사람이 하던 이야기를 맞추지 않고 슬쩍 나가 버린 듯이 허전함을 느꼈다. 그 이야기는 영원히 중단된 이야기로 자기의 기억에 남을 것이라고 생각되었다. 병일이는 뒤대어 오는 전화의 수화기를 떼어 들고 메모에 연필을 달리면서도 대체 사람이란 그런 것인가 하는 생각에, 받은 전화에 말을 잊게 되어 —— 미안하시지만 다시 한 번 —— 하고 물었다.

병일이는 사진사를 조상할 길이 없었다. 다만 멀리 북쪽으로 바라보이는 창광산 화장(화장터)에서 떠오르는 검은 연기를 바라보았을 뿐이었다.

그 이튿날 아침에 사진관 앞에서 이삿짐을 실은 구루마가 떠나는 것을 보았다. 계집애인 듯한 어린것을 등에 업고 오륙 세 된 사내아이 손목을 잡은 젊은 여인이 짐 실은 구루마의 뒤를 따라가고 있는 것을 보았다. 병일이는 그것이 사진사의 유족인 것을 짐작하였다.

병일이는 뒤로 따라가다가 그들이 서문통 안으로 사라질 때까지 바라보고 있었다. 그들이 보이지 않게 되었을 때 병일이는 공장으로 가면서 —— 산 사람은 아무렇게라도 죽을 때까지는 살 수 있는 것이니까 —— 이렇게 중얼거리며 그는 자기가 어렸을 때 부모상을 당하고 못 살듯이 서러워하였던 생각을 하였다. 저녁에 돌아갈 때에는 현관의 문등은 이미 없어졌다. 그리고 역시 불이 꺼진 쇼윈도 안에는 사진 대신에 '셋집'이라고 크게 쓴 백지가 비스듬히 붙어 있었다.

어느덧 장질부사의 흉스럽던 소식도 까라지고 말았다. 홍수도 나지 않고 지리하던 장마도 이럭저럭 끝날 모양이었다. 병일이는 혹시 늦은 장맛비를 맞게 되는 때가 있어도 어느 집 처마로 들어가서 비를 그으려고 하지 않았다. 노방의 타인은 언제까지나 노방의 타인이기를 바랐다.

그리고 지금부터는 더욱 독서에 강행군을 하리라고 계획하며 그 길을 걸었다.

송영

석공 조합 대표

석공 조합 대표

1

대동강의 물결은 노래만 하고 왔다.

질탕거리는 신사 숙녀의 '배따라기' 노랫소리만 듣고 보아서, 그리고 젖어서, 유탕한*기운에 찼었었다.

그러나, 보라! 들어라!

대동강의 물결 소리는 변하여 버리었다.

오열하는 사공의 탄식과 고기잡이 여인네의 가쁜 숨과 또는 청류벽 아래에서 땀 흘리는 석공들의 돌 쪼는 소리에 훌륭하게 변하여 버렸다.

"이런 제기할 것, 언제나 이것을 면하고 만단 말인가?"

붉은 햇발이 동쪽 기슭을 헤치고 나올 때마다 이러한 탄식 소리는 여러 석공의 입으로서 나왔다.

그들은 어디까지든지 그들의 하고 있는 생활을 싫증을 내면서도 또

---

* 유탕(遊蕩)하다 기분 내키는 대로 마음껏 놀다.

는 내어 버리려고도 아니 하고 지내 가는 모순*을 가지고 산다.

　과연 그들은 그와 같은 모순을 스스로 지어 가지고 있나? 또는 막으려나 막을 수 없는 물결 모양 같은 불가항력의 자연으로 가지게 되었나? 우리들은 가장 단순하게 그 중의 하나인 젊은 석공 박창호의 지내 가는 꼴이나 검사하여 보자.

2

　창호의 집은 모란봉*에서 멀지 아니한 경산리 산언덕 위이다. 그 산언덕에는 커다란 과원이 있다. 그 과원을 거두어 가며 지키고 사는 늙은 원정*이 있다. 창호의 아버지였다.

　아버지는 펴지지 않는 꼬부랑 허리를 펴 가며 호미와 괭이와 또는 과일 따는 작대로 지내 가며, 아들인 창호는 정과 장도리로 돌을 쪼고 다듬으며 또는 비문*도 새기고 지내 간다.

　창호는 처가 있었다. 이제 이십이 갓 된 젊은 색시였다. 그리고 작년에 갓 낳은 두 살 먹은 돌 안 아들이 있다. 그의 처는 구옥순이다. 역시 대동문* 안 ×× 고무 공장의 여직공으로 다닌다.

　'벌지 않거든 먹지 말아라.'

　이것을 그들은 스스로 실행하고 지내 간다. 마땅한 일이다. 그러나

＊ 모순(矛盾)　두 사실이 이치상 어긋나서 서로 말이 맞지 않음을 이르는 말.
＊ 모란봉　평양 북쪽에 있는 작은 산. 꼭대기에 을밀대, 모란대 따위의 누각이 있고, 동쪽은 절벽을 이루어 대동강을 굽어 보고 있어서 경치가 빼어남.
＊ 원정(園丁)　정원사.
＊ 비문(碑文)　비석에 새긴 글.
＊ 대동문(大同門)　평양시에 있는 내성(內城)의 동문(東門). 태종 6년(1406)에 창건하여 중종 36년(1541)에 소실된 것을 선조 10년(1577)에 재건하였으며, 정교한 3층 누문(樓門)으로 구조가 웅대함.

마땅한 일을 마땅치 않게 강박이 되어 지내 가는 데에야 그들의 마음은 언제든지 쓰릴 뿐이다.

봄이다. 늦은 봄이다.

모든 것은 활개를 폈다. 푸르고 붉고 그리고 찬란하게…… 하여간 자연만의 세상은 기쁨에 뛰었다.

대동문 아래 연광정 옆에는 커다란 석공장이 있다. 철재로 둥그렇게 둘러싸고 그 안에는 여기저기 비석과 대리석이 쌓여서 있다. 한편에는 나무로 지은 바라크* 한 채가 있다. '×× 석공장 사무소'라는 패가 붙어 있었다.

돌을 다듬는다. 깨트린다. 또는 갈기도 한다. 새기기도 한다. 한 삼십 명은 된다. 대개는 사오십은 되어 보인다.

그 중에 창호도 쭈크리고* 앉아서 비문을 새기고 있다. 헌 양복 저고리를 사무복 삼아서 입었다.

검정 바지에 고무신을 신었다. 머리에는 헐어빠진 캡*을 쓰고 눈에는 헝겊으로 테를 싸맨 커다란 안경을 썼다.

그는 작은 키다. 얼굴은 동그랗다. 눈은 빽빽하다. 매우 소갈머리도 없어 보이고 또는 어림도 없어 보인다. 손가락집이 따로 없는 뭉그런 장갑을 한편 손에 끼고 가느다란 정으로 비문 글자를 새기고 앉았다.

그는 골몰하였다. 모든 사람들도 다 정신은 쪼고 갈고 새기는 거기에 통일되고 있다.

강가에는 옹기 실은 짐배가 닿아서 야단들이 났다.

머리에다 수건 쓴 아주머니들이 제각기 값싸고 좋은 것을 사려고 뱃전과 또는 뱃가에 둘러싸서 있다.

---

* 바라크(baraque) 막사.
* 쭈크리다 팔다리를 우그려 몸을 작게 움츠리다. '쭈그리다'의 센말.
* 캡(cap) 머리 모양에 따라 꼭 맞게 된 납작한 모자.

아이들…… 짐꾼…… 굵고 가는 말소리는 한데 합하여 와글와글 한다. 강물 소리는 없다. 잔잔만 하고 유유만 하였다. 다만 가끔 불어 오는 바람이 철렁철렁하는 가는 물결 소리를 멀리서 가지고 올 뿐이다.

와글와글 땡땡…… 스르르르 딱딱 그리고 어기여차 이것들만이 봄날 푸른 강가의 유유한 공기를 출렁거렸다 가라앉혔다 할뿐이다.

그는 아침부터 큰 글자 다섯과 작은 글자 셋…… 모두 여덟 자밖에는 새기지를 못했다. 물론 다른 날보다는 매우 덜했다. 반도 못 한 심이다……. 그러나 그는 속히 하려고도 아니 하였다.

손과 눈과 또는 그의 몸뿐만은 그들 기계와 같은 우상으로 만들었을 뿐이요, 실상 그의 풀린 물결 같은 호활한 마음은 다른 데로 다른 데로 떠돌아다니는 까닭이다.

그의 마음은 오늘뿐만 아니었다. 언제든지 이같이 판 박아 논 듯한 과도한 노력을 할 때에는 떠돌아다니었었다. 그는 하는 일이 '비문' 새기는 것이었기 때문에 언제든지 '영세불망비', '×공자선비' 같은 것을 잘 새기었다.

이런 비문을 자기의 손으로 새기는 것은, 다시 말하면 그 같은 비석(?)이 자기 손 때문에 이 세상에 서게 되는 것을 생각할 때에는 그는 언제든지 분하였다. 절통하였다*. 그래서 그는 그런 비문을 새길 때마다 그 비문의 주인을 찾아갔었다. 그리하여 가장 엄연하고도 가장 비통하게 꾸짖었다. '영세불망*'이라니…… 너의 한 일을 오래도록 잊어버리지 말고 있었다가 뒤집어 버리란 말이냐. 아주 이렇게 흥분된 소리로 포함을 쳤다. 그러나 역시 이것은 그의 생각만이었었다. 그러면 그 날 저녁에는 삯전을 적게 받아 가는 것이 그의 생각이 흥분되었던 보수이었다. 그러나 지금의 생각은 그전과는 달랐다. 얼마 아니 있으면 서울

* **절통(切痛)하다** 뼈에 사무치도록 원통하다.
* **영세불망(永世不忘)** 영원히 잊지 아니함.

올라갈 궁리였었다.

씩씩하고도 무서운 그리고 열정의 모든 뜻 같은, 생활 같은 동지들과 만나서 이야기할 생각이었었다.

혹은 연단에 서도 보고 혹은 결의문도 낭독하여 보았다. 혹은 벽력 같은* 소리로 야지*도 해 보고 혹은 큰 정략가의 명상 모양으로 고개를 푹 숙이기도 해 보는 것이었다. 그러다간 그는 점점 깊이 빠져 버린다.

회장(會場)은 변하여 XX 회장이 되고 자기들은 승리를 축하하는 술잔도 들어 보았다.

"나는 ×× 전에는 평양에 있는 석공 조합원으로서 모든 같은 석공과 또는 비슷한 동무들의 똑같은 이익과 행복을 위하여 싸우다가 감옥에를 세 번이나 들어갔습니다. (더 비장한 소리로) 그래서 나의 어린 처는 그 사람으로서는 맡지 못할 흉악한 고무 냄새를 맡아가면서 나의 늙은 아버지를 공양하고 나를 기다리다가 그만 원통하게도 원통하게도 영양 부족이 원인이 되어서 죽어 버렸습니다. 춥고 더운 삼 년 동안의 감옥 생활을 하다가 나온 내가 처자와 부모까지 다 굶어 죽은 것을 당할 때에 과연 이 가슴이 어떻겠습니까……. 여러분! 그 때는 말할 수 없이 나의 마음은 비장하여졌었습니다. 그저 두 토막의 송장이 되더라도 앞날의 승리를 향하여 돌진하려고 했었습니다."

이와 같은 추억담도 하였다. 그래서 그는 승리에 못 견디는 희열에 흥분이 되어 버렸다. 그래서 주먹을 꽉 쥐었다. 주먹에는 쥐었던 정이 더 꽉 잡히었다. 섬뜩하였다. 그래서 그는 깜짝 놀랐다. 멀리 갔던 공상은 다시 공상 속에서 추억하던 옛날인 지금으로 돌아왔다. 승리를 축하하는 술꾼이었던 그는 승리를 기약하는 젊은 석공으로 또다시 변하여

---

* 벽력 같다 목소리가 매우 크고 우렁차다.
* 야지(野ジ) '야유'를 뜻하는 일본어. 남을 빈정거려 놀림. 또는 그런 말이나 몸짓.

버렸다.

그 날 저녁때이다. 보름달은 초저녁부터 솟아서 있다.

모든 석공들은 연장을 망태기*에다 넣어서 둘러메고 피곤한 빛으로 저희 집으로 돌아간다. 모두들 사무실로 들어가서 쥔에게 인사를 하고야 간다. 그도 사무실 안으로 들어섰다. 한 이 간쯤 되는 방 안에는 조그만 사선상* 하나가 놓였다. 그리고 사선상 위에는 금자 박은 장부책 몇 권과 조그만 손철궤 하나와 그리고 주문서 부스러기, 주판, 재떨이 따위들이 질서 없이 놓였다.

그 앞에는 그야말로 양돼지 같은 쥔영감이 앉았다. 아무것도 없고 배만 있다고 해도 옳을 만치 그의 배는 부르고 크다. 머리는 대머리다. 얼굴은 넓적이…… 게다가 테 작은 금테 안경을 써서 더 넓적하여 보인다. 떡 걸터앉아서 모든 석공들의 인사하는 것을 받고 앉았다. 일부러 안경 너머로 쳐다보는 그의 눈깔은 능갈치고* 무서운 잔인성이 띠어서 있다.

창호가 막 인사를 하자마자 쥔은 손을 들어서 멈추면서,

"자넨 잠깐만 있게, 좀 말할 게 있네."

매우 거북살스러운 소리다.

"네!"

그도 간단하게 말을 하고 매우 좋지 못한 기분이 되어서 서서 있었다. 모든 석공들이 다 간 뒤에 쥔은 더한층 얼굴이 이상하여졌다. 살기가 돌았다. 그리고 능멸하는* 빛이 돌았다.

---

* **망태기** 물건을 담아 들거나 어깨에 메고 다닐 수 있도록 만든 그릇. 주로 가는 새끼나 노 따위로 엮거나 그물처럼 떠서 성기게 만듦.
* **사선상(四仙床)** 다리가 긴 네모진 상. 한쪽에 한 사람씩 둘러앉을 만하게 되어 있음.
* **능갈치다** 아주 능청스럽다.
* **능멸(陵蔑)하다** 업신여기어 깔보다.

"자네, 그래 꼭 갔다 오겠나?"

그는 알았다. 물어 보는 말이 어떤 것은커녕 물어 본 뒤에 어떻게 하리라는 쥔의 마음새까지 알았다.

"그럼 어떻게 합니까? 저 혼자 마음도 아니고 여러 사람이 결정을 한 것을……"

쥔은 더한층 노하였다. 목소리는 짤짤하여졌다*. 그 뚱뚱한 몸뚱이에다가 대면은 그 목소리는 너무나 작았고 짤짤만 하였다.

"아니 대체 석공 조합이란 것은 뭔가?"

그도 홀연히 마음이 굳세어졌다. 언제든지 삯전 때문에 고개를 숙이고 지나가던 쥔 앞에서 그는 엄연하게 한 사람이 되었다. 목소리는 떨렸다. 무거웠다.

"그건 별안간에 왜 물으십니까? 썩 쉽죠. 석공들이 모인 게죠."

"그건 누가 모르나."

금방 해라로 변하였다. 이 세상에서 그 중 분하고 보기 싫은 것을 대하여 이야기하는 것같이 쥔은 매우 분노하였다.

"그 목적이 뭐냐 말야?"

그도 더 흥분이 되었다. 그와 쥔은 질서 있는 정비례적 분노로 흥분되어 간다.

"그 목적이야 물론 우리들의 행복을 위한 것이지요. 언제든지……"

말이 끝나기도 전에 쥔은 책상을 딱 치며 소리를 고래고래* 지른다.

"행복……. 흥, 그래 멀쩡하게 남들이 피땀을 흘려 가며 모아 논 것을 뺏어 먹는 것이 너희들의 향복*이냐. ××주의니 뭐니 하는 것은 멀쩡한 도적놈들이야. 너도 젊은 녀석이…… 아니 어떤 녀석의 꼬임에

---

* 짤짤하다 딱딱하고 깔깔하다.
* 고래고래 몹시 화가 나서 남을 꾸짖을 때 목소리를 한껏 높여 시끄럽게 소리를 지르는 모양.
* 향복(享福) 복을 누림.

빠졌니……. 공연히 온공하게* 시대를 맞춰 살어서 부모 처자를 굶어 죽이지 말라 아니 할 생각이나 해…… 국으로*."

그는 불이 되었다. 그리고 벙어리가 되었다. 가슴에서 일어나는 불은 그의 말을 모두 태워 버린 듯싶다. 다만 불뚝불뚝하는 힘줄과 번쩍번쩍하는 두 눈빛만은 무섭게 되었다. 쥔은 좀 언성을 낮추어서 어린애 가지고 말하듯이 좀 유한* 소리로,

"너 괜히 순히 이르는 것이니 다 그만두어라. 석공 조합 대표가 다 뭐냐. 대표 노릇하면 누가 돈을 푹푹 갖다 줄 주 아니……. 그리고 공연히 대표니 뭐니 해서 서울을 며칠씩 가서 있으면 그 동안에는 네 집은 다 굶어 죽으란 말이냐?"

쥔은 좀 누그러지자 그는 돌연히 더 흥분이 되었다. 엄연한 소리로,

"전 그런 말씀은 들을 줄 모릅니다."

쥔은 그 소리에 또다시 분이 나서,

"뭣? 그럼 꼭 가겠단 말이냐?"

"꼭 가지요."

쥔은 별안간 외면을 하면서,

"그럼 어서 가거라. 귀찮다……."

다시 고개를 돌리면서,

"너 생각해서 해. 가려거든 너는 가고 관계 끊는 심만 쳐라."

그는 흥분된 가운데에서도 분통하여져서,

"글쎄, 영감께 지가 거기 잠깐 갔다 오기로 무슨 이해 상관이 계십니까?"

"그래, 나는 이해 상관이 실상은 없다고 그러자. 그렇지만 뻔히 너도

＊ **온공**(溫恭)**하다** 성격, 태도 따위가 온화하고 공손하다.
＊ **국으로** 제 생긴 그대로, 또는 자기 주제에 맞게.
＊ **유**(柔)**하다** 부드럽고 순하다.

모르는 터도 아니고 하니까 너의 집안 사정을 봐서 그러는 말야…….
너 부모나 처자가 얼어 죽으면 네 생각은 시원하겠니."

그는 또다시 험하여 갔다. 일시 애상적이 되었던 그의 신경은 순전한
야수, 주린 야수의 부르짖는 그러한 험악으로 변하여 버렸다. 그래서
가슴 속에서는 소리를 치면서 피가 끓었다. 머리는 전광* 같은 공상이
전광같이 왕래하였다. 그래서 말도 하기가 싫고 더 섰기도 싫었다. 그
는 딱 끊어서,

"저는 꼭 갈 터이니까 그런 줄 압쇼."

내어던지듯이 탁 쏘아 말하고 나왔다.

걸음은 매우 빨랐다. 분연하였다. 그리고 '그런 줄 아슈' 하는 시위
적 언사, 남성적 결기*를 남기고 온 자기의 행위가 매우 장쾌하였다*.
그는 이러한 장쾌한 기분에 도취되어서 집으로 돌아왔다.

3

아주 캄캄한 밤이다.

창호가 막 집으로 와서 방문을 열었을 때이다. 방 안에는 같은 조합
대표인 김익진이란 젊은 동무가 와서 앉았다. 그와 김은 반가이 서로
악수를 하였다.

두루마기를 탁탁 벗어 내어던진 창호는 익진이와 손목을 잡은 대로
펄썩 주저앉았다.

"아니 오늘 꽤 늦었네그려."

---

* 전광(電光) 번갯불.
* 결기 곧고 바르며 과단성 있는 성미.
* 장쾌(壯快)하다 가슴이 벅차도록 장하고 통쾌하다.

떠벌어진 소리로 쾌활하게 묻는다. 그도 저절로 웃음이 나와서 웃으면서,

"그것 참, 오늘 또 재수 없었지."

그의 말소리는 다시 힘이 있어 간다. 익진이는,

"왜?"

창호는 익진이에게 대면 매우 침착한 성격을 가졌다. 빙그레 웃으면서,

"가만있게, 내가 말하기 전에, 자넨 왜 요새 볼 수가 없나?"

익진이는 손으로 가슴을 가리키며,

"나?"

"그래."

"흥, 말 말게……."

막 말을 벌여 놓으려는 판에 방문이 열리면서 창호의 처 구옥순이가 들어온다.

머리에는 수건을 평양식으로 둘러쓰고 치마는 짤막한 검정 치마를 입었다. 누비* 처네*로 어린애를 둘러쳐 업고 손에는 벤또* 보자기를 들었다.

얼굴은 동그스름하고 코는 오똑하나 눈꺼풀은 은행 꺼풀같이 얇고 눈동자는 수정같이 맑다. 어여쁘고도 영리한 얼굴이다.

그러나 누런빛과 검은빛이 둘러 있었다. 어린애 업은 어깨통은 앙상하여 보인다. 소리 큰 기계 밑에서 얼마나 시달리었음을 말하고 있다.

원래 이 집은 대문이 없는 집이다. 과원* 한편 구석에 서너 간 일자

---

* 누비 두 겹의 천 사이에 솜을 넣고 줄이 죽죽 지게 박는 바느질. 또는 그렇게 만든 물건.
* 처네 어린애를 업을 때 두르는 끈이 달린 작은 포대기.
* 벤또(辨當) '도시락'을 뜻하는 일본말.
* 과원(果園) 과수원.

집을 세워 놓은 원정(園丁)의 자는 방이었던 까닭이다. 양쪽이 방이요 가운데가 부엌이다. 일자로 방문 셋이 앞으로 죽 달리었다. 그래서 이 집을 드나드는 문은 낮에는 객실로 쓰고 밤에는 창호의 침방으로 쓰는 이 방 방문이었던 것이다.

익진이를 향하여 인사를 하고 유순하고도 피곤한 소리로 창호를 보고,

"아이구, 애 좀 받아 주세요."

창호는 일어나서 엉거주춤하고 팔을 벌려서 자는 어린애를 받았다. 어린애는 아주 곤한* 모양인지 그대로 잔다. 창호는 안고서 앉았다. 옥순이 팔을 힘없이 좌우로 벌렸다가 다 시진한* 허리와 엉덩이를 탁탁 치면서,

"아이구, 아조 허리가 똑 떨어지는 것 같으이."

시름없이 앉아서 잠깐 눈을 감는다.

그와 익진이는 묵연히* 앉았다. 그러나 말할 수 없는 쓸쓸한 빛은 그들의 얼굴빛을 통일시키고 있다. 방은 잠깐 동안 침묵에 잠겼다. 얼마 뒤에 그의 처는 깜짝 놀라는 듯이 눈을 뜨고 몸을 고쳐서 앉으며 웃는 소리로,

"에구, 손님도 계시고 헌데 내가 실례했네…… 아이구, 어떻게 곤한 지 자구만 싶으이."

익진이는 얼른 정중한 소리로,

"천만에요. 참 어려우시겠습니다."

그 말대답은 아무도 아니 하였다.

그의 처는,

"아바지 어데 가셨어요?"

---

* 곤하다 기운이 없이 느른하다.
* 시진하다 기운이 빠져 없어지다.
* 묵연(默然)하다 잠잠히 말이 없다.

"몰라, 나도 지금 막 온 길이니까."

"그럼 얼른 내려가 보아야겠네. 시장들 하시겠는데."

하고 그는 꿈같이 늘어진 몸을 다시 수습하여 가면서 부엌으로 내려간다.

그의 부처*가 공장으로 가면 그의 늙은 아버지는 과원에서 과수를 가꾸어 주다가 친히 부엌으로 들어가서 밥을 지어 놓는 것이 상례였었다.

그의 처가 부엌을 내려간 뒤에는 방 안이 잠시 고요하였다. 그 수선 잘 떠는, 걱정이 있어도 없는 듯한 낙천성의 익진이까지도 별안간 얼굴 빛이 애상*이 떠어 간다. 창호도 가슴이 찢어지는 듯하였다. 그래서 잠 잠만 하다가 익진이의 모양을 보고 이상히 여겨서,

"아니, 자네 별안간에 웬일인가?"

그 소리에 익진이도 잠 깨는 사람 모양으로 고개를 번쩍 들었다. 그의 눈은 번뜻하는 빛이 났다.

"정말이지 나는 자네 와이프 보고 아주 울 뻔했네."

"왜?"

"자네 아까 날더러 며칠을 못 만나니 웬일이냐 물었지……. 다 일이 있었다네."

익진이는 거기까지 말하더니 별안간 그의 언성은 높아졌다. 위풍이 당당하였다. 북풍 바람 같아졌다.

"참, 나는 인제는 케케묵은 소리지만 아주 죽고도 싶데."

"왜?"

"정말이지 자네, 내 와이프 이야기 들었나?"

그 때에 창호는 짐작하였다. 익진이가 병이 들어서 한 달 동안이나 석공 일을 못 하고 드러누워 있었을 때에 그의 처도 역시 병이 들었었

---

* 부처(夫妻) 부부.
* 애상(哀想) 슬픈 생각.

다. 그래서 아무도 없는 두 젊은 양주*는 불도 못 땐 냉방에 가 (그 때는 첫여름이긴 했으나) 드러누워 있을 때 창호 양주는 언제든지 가서 구완*을 하였었다. 그럴 때에 익진이 처는 먼저 나았다. 그러나 병 앓고 난 약한 몸으로 송충이 잡는 일을 하였다.

송충이가 만연될 때에는 관청에서는 하루 사십 전의 일당으로 송충이잡이꾼을 구했었다. 그 통에 익진이 처도 끼였었던 일이 있다. 아침도 못 먹고 온종일 굶어 가면서라도 송충이를 잡아다가 병든 남편을 공경했던 일이 있다. 이런 것을 언뜻 창호는 연상하였다. 그래서,

"그래, 그 양반 말야, 무슨 이야기?"

익진이는 좀 기색이 침울하여지면서,

"이건 좀 우스운 소리지만 자네 어떻게 아나…… 우리 와이프를."

"어떻게라니…… 물론 말할 수 없는 거지. 참 에라이(훌륭)하시지."

"에라이하지."

다짐 주듯이 말하더니,

"그러니까 말일세. 나의 처의 자랑이 아니라 참으로 나의 처는 훌륭한 여자이었었네. 그런데 벌써 한 달은 되네. 자기 본가로 간다고 가더니 입때 아주 소식이 없네그려. 그래서 나는 하도 궁금했드니만 며칠 전에 서울서 편지가 왔는데 어떤 청년의 후원을 받아서 공부를 한다네……."

아주 시름이 없어져 버리었다. 울 듯이 되었다.

"이건 다시 말하면 나의 잘못일세. 내가 돈 없는 탓일세……. 음, 나는 세상에서 요렇게 구박을 받았네. 사랑하는 처를 억지로 고등 매소부*로 빼앗기고…… 이런……."

---

* 양주(兩主) 바깥주인과 안주인이라는 뜻으로, '부부'를 이르는 말.
* 구완 아픈 사람을 간호함.
* 매소부(賣笑婦) 매춘부.

아주 흥분이 되었다. 무뚝뚝하고 할 말 하던, 평생에 한숨 한 번 안 쉬던 익진이는 금방 울었다. 피가 얽힌 눈물이다. 창호도 눈에 눈물이 핑 하고 돌았다. 억지로 진정을 하면서,

"공연히 너무 그렇게 비관을 말게. 그리고 너무 오해를 말게."

"아니, 오해가 아닐세. 내가 저를 조금도 원망치는 않네."

말끝도 채 못 마치어서 그는 그만 주먹으로 방바닥을 땅 치면서,

"나는 원수를 갚고 마네. 이 망할 세상에게……. 그래, 젊은 놈들이 되어 가지고 가슴에서 바작바작 타는 혈조*를 가만두는 것은. 하여간 손톱만 한 향락까지도 할 수 없는 이런 경을 칠 일이 있단 말인가. 그저……."

창호도 분연해하였다. 그리고 쥔영감과 싸우던 이야기까지 했다. 두 젊은이는 비분강개*한 그리고 용장과 같은 정열에 탔다. 부엌에서는 남편과 또는 익진이의 이야기하는 소리를 듣고서 눈물을 흘리는 옥순이의 손에서 밥솥의 불이 역시 바작바작하고 탔다.

4

며칠 동안은 아무 일이 없었다.

창호와 익진이는 예전 모양으로 비문만 새기고 있었다. 쥔도 아무 소리 없이 그 조그만 안경 너머로 눈살만 찌푸리고 있었다. 창호의 처도 아픈 머리를 끌고 공장에를 갔다.

어느 날 아침.

창호가 막 밥을 먹고 그의 처와 같이 집을 떠나려고 하던 판에 그의

---

* 혈조(血潮) 치솟거나 쏟아져 나오는 피를 비유적으로 이르는 말.
* 비분강개(悲憤慷慨) 슬프고 분하여 의분이 북받침.

아버지는,

"애들아, 내 말을 좀 듣고 가거라."

두 사람이 다 섰다. 아버지는 이제 오십이 갓 된 중노인이다. 그러나 누구든지 보면 칠십은 되었으리라고 볼 만치 아주 노쇠한 노인이다.

머리는 백발이고 얼굴은 주황빛과 검은빛이 다 되어서 우글쭈글하다. 허리는 까부라졌다.

그러나 인자한 어버이의 웃음을 띠고 있는 그 두 눈동자만은 유난히 반짝반짝하였다. 흐리멍덩한 그야말로 노인의 눈은 아니었다. 씩씩한 청년의 눈이었었다.

"다른 게 아니라 낼이 그 날이지?"

즉 평양 석공 조합 대표로 서울로 떠나가는 날이다.

"네."

그의 아버지는 더 웃으면서,

"그래 꼭 갈 터이냐?"

"그럼요, 아버지도 별안간에 무슨 소리서요."

거의 퉁명스런 소리로 하는 자기 아들의 소리에는 노하지 않고 더한층 화한* 소리로,

"아니, 너 가는 것을 싫어서 그러는 게 아니다. 내가 아무리 늙었기로 그렇게 완고*가 아닌 것은 너희들도 다 알지 않니. 나도……."

추억하는 빛이 나며,

"저, 북만주로 돌아다니면서 학교도 세우고 회도 모으고 하던 내가 아무러기로 너희들이 하는 일을 방해해야 하겠니……. 참말이지 너희들 어린것들이 그러는 것을 보면 기쁘고 거룩만 할 뿐이지."

진정으로 나오는 말이었었다. 그 소리에는 창호도 진심으로 감격해

---

* 화하다 부드럽다.
* 완고(頑固) 융통성 없이 올곧고 고집이 셈.

하였다. 사상적으로 무섭게 압박하는 보통 부로* 가운데에 태어나서 정으로나 마음으로나 철저하게 이해해 주시는 아버지에게 대하여서는 참으로 거룩한 생각이 났다.

그래서 마음은 얼마큼 공축되었다*. 그의 아버지는 다시 말을 이어,

"그런데 너도 다 알겠지만 너의 공장 쥔이란 자가 좀 그악이냐*. 무슨 하필 너와 나뿐 아니라 이 평양 안에 사는 사람쳐 놓고 그 영감 좋다는 사람이 어디 있니? 그런데 더군다나 우리는 네가 거기에 매이지 않었니? 그리고 또 이 과원도 그 사람 게 아니냐? 만일 그 사람이 성만 더 나면 네가 거기 못 댄기는 것도 것이려니와 당장에 이 집까지 내놓으라고 그럴 테니 어떻게 하니?…… 똥이 무서와서 피하니, 더러와서 피하지……. 나도 생각이 너만 같지 못하지 않다. 내가 조금만 원만하면 너희들을 저렇게 고생을 시키겠니? 그러니까 잘 생각해 하란 말이다. 뭐 기회가 이번만이 아닐 것이고 또 일후에도 많을 것이니 너는 이번에 잠깐 빠져도 좋지 않겠니?……."

그의 말소리는 충곡*에서부터 떨어져 나왔다. 그리고 주름진 뺨에는 두 줄기 눈물이 흘러내렸다.

펄펄 뛰는 듯한 젊은 자식들을 생지옥 같은 괴로운 생활을 시키는 어버이의 마음 숭고한 감정에 접목된 까닭이다.

태산이라도 뚫을 듯한 창호의 의기는 그만 꺾어졌다. 울 것같이 되었다. 당장에 길거리에서 내어쫓긴 아버지와 처자의 그림자가 보였다. 굶어서 뻐드러진 송장이 보였다. 손가락질하는 세상 사람의 비소* 소리가 들리었다. 마음으로 슬플 대로 슬펐다. 울 때까지 울고 싶었다. 그래

---

* 부로(父老) 한 동네에서 나이가 많은 남자 어른을 높여 이르는 말.
* 공축(恐縮)되다 두려워서 몸이 움츠려지다.
* 그악하다 사납고 모질다.
* 충곡(衷曲) 간절하고 애틋한 마음 속.
* 비소(非笑) 남을 비방하거나 비난하여 웃음.

서 그는 잠잠히 고개를 숙이고 나왔다.

  평생에 약한 소리를 하지 않던 그의 처는 가만한 소리로,

  "그것도 옳은 말씀이긴 해요. 세상 일이란 시간이 걸리니까요."

  즉 당장에 되는 일이 아니니 차차 살아가면서 해 보시요 하는 말소리
였다. 그러나 그의 귀에는 더 쓸쓸하게만 들리었다.

  얼마 가다가 종로 네거리 앞까지 왔다. 언제든지 그들은 이렇게 두
사람이 같이 동행을 했던 것이다. 그러나 오늘은 무덤으로 향하여 가는
마지막 이별의 길을 걷는 듯이나 싶이 추연하였다*.

  그는 아주 정신이 없었다. 그러다가 그의 처는,

  "자…… 이따가 오세요."

하면서 공장 들어가는 길로 돌쳐 선다. 그 때에 그는 확연히 무엇을 깨
달았다. 익진이의 말소리가 생각이 났다. 익진이의 처의 일이 생각이
났다.

  익진이의 처…… 나의 처…….

  서울로 가 버린 익진이의 처……. 공장으로 들어간 나의 처……. 처
가 그리웠다. 그 사나이 많은 공장…… 모양 낸 사나이가 걸어가는
길…… 아…… 처…… 약한 처…… 배고파서 밥 찾는 처…… 거지 ……
유린…… 애교…… 배반…… 아……. 그의 눈에는 도화분 바르고 세비로*
양복 입은 사나이와 웃고 가는 그의 처가 보였다. 꼭 보였다……. 그는 거
의 신경의 이상이 생길 만치 되었다. 만치가 아니라 생기어 버렸다.

  급히 골목으로 따라 들어섰다. 멀리 사람 틈에서 어린애를 업고 벤또
를 끼고 가는 시름없는* 그의 처가 보였다. 여러 사람에게 싸여 갔다.

  "아, 사내놈과 닿으면 어떡하나……. 사내놈이 보면 어떡하나."

---

* 추연하다 처량하고 슬프다.
* 세비로(背廣) 신사복의 일본말. 본디 저고리, 바지, 조끼로 이루어짐.
* 시름없다 근심과 걱정으로 맥이 없다.

그는 달음질을 할 듯이 따라만 갔다.

한참이나 갔다. 그러다가 별안간 어떤 뚱뚱한 신사 하나와 마추쳤다. 그는 멈칫하였다. 몸에서는 식은땀이 났다. '석공장 쥔영감'과 같이 보였던 까닭이다. 그러나 역시 잘못 보았다. 그 신사는 그냥 그의 옆으로 지나간다. 그는 그제야 정신이 났다. 그리고 마음이 가라앉았다. 다만 머리만 휭하여졌다*. 그리하여 다시 고개만 수그리고 공장으로 갔다.

5

공장 안으로 들어오자 벌써 여러 석공들은 일을 다 시작하고 있다. 익진이도 와서 있었다.

그는 아버지와 처와 또는 집과 조합과…… 공장 쥔과 또는 서울 가는 것과…… 모든 것을 한데 뒤섞어서 어떻게 결정을 짓지 못하고 번민*만 하다가 건듯* 공장 안에 들어서면서 모든 것은 다 가라앉아 버렸다.

쪼고 새기고 갈고 깨트리면서, 서로 웃고 서로 시시덕거리면서, 대동강 물결에 저녁 별빛 나기만 기다리는 그러한 일개 석공의 기분이 되었다. 직업적 기분이 되었다. 요컨대 흥분되었던 감정은 다시 정연한 질서로 돌아왔다.

익진이와 마주 앉았다. 장도리로 정을 때렸다.

"여보게, 내일 저녁차에 갈까?"

익진이가 쾌활하게 묻는다.

창호는 익진이의 소리를 듣자마자 규칙 없이 둘러앉은 모든 석공들

---

* 휭하다 놀라거나 피곤하거나 또는 머리가 어지러워서 정신을 못 차릴 정도로 머리가 띵하다.
* 번민(煩悶) 마음이 번거롭고 답답하여 괴로워함.
* 건듯 문득.

이 일제히 박수를 하며 자기를 대표자로 선정하던 광경이 생각났다. 숭엄한 장면에 그는 완전하게 또다시 순전한 조합원이 되었다.

자기네들의 향복과 이익과를 위하여 옳지 못한 협박을 하고 있는 자들과 싸우겠다는 씩씩한 조합원이 되었다.

"글쎄, 아무렇게 해도 저녁차가 낫겠지."

"쥔이 아무리 내쫓느니 뭐니 해두 무슨 상관 있나?"

"그럼! 그야말로 시들방귀*일세."

"그럼! 굶어 죽기밖에 더 하겠나……. 사실 요렇게 알뜰하게 살아가는 것보다는 차라리 한 번 막 죽는 것이 더 낫지 않은가?"

"참 옳은 말이지. 자꾸 죽이는 놈에게 그저 조금만 더 두었다가 죽여 줍쇼 하는 것보다 이놈 하고 일어나서 죽드래도 낫지 않은가."

"그래……. 그렇지만 하여간 우리들은 불행한 놈일세. 이건 난 왜 요런 땅에가 태어났나 하는 생각도 안 날 적이 없네……. 아무리 젊은 것으로 있어서는 다사다단한* 곳에서 활동을 하는 것도 외려 좋지 않은 것도 아니지만……."

"어떻든지 우리들은 모든 것이 쓸쓸하기가 짝이 없네. 이후에 기쁜 봄이 오더라도 지리한 겨울이 지긋지긋하이……."

두 사람은 장도리 소리에 맞추어 가면서 이 같은 감상과 담화를 하였다. 언제든지 어기여차만 부르는 뱃사공, 언제든지 동이만 이고 다니는 물가 품꾼* 여자, 언제든지 장도리만 가지고 되풀이하는 석공들…….

삼천리 금수강산이 언제든지 푸름과 같이 푸르려는가? 혹은 산천이 벽해 되는* 것과 같이 커다란 향복과 희열에 춤추게 되려는가?

＊ 시들방귀 시들한 일을 우습게 여기는 말.
＊ 다사다단(多事多端) 여러 가지 일이나 까닭이 서로 뒤얽혀 복잡하다.
＊ 품꾼 품팔이꾼.
＊ 산천이 벽해(碧海)되다 산과 강이 짙푸른 바다가 된다는 뜻으로, 세상 일의 변천이 심함을 비유적으로 이르는 말. 상전벽해.

익진이와 창호가 평양을 떠난 지가 닷샛날이다.

창호의 처는 어린애가 병이 나서 공장을 쉬고 있고 덧바지를 입고 벌레 잡는 꼬챙이와 또는 휘리*를 가지고 동산으로 올라갔다.

때는 오정*이 훨씬 지난 대낮이었다.

늦은 봄 뜨건 햇빛은 모든 과수의 푸른 잎사귀를 점점 더 녹이어 가서 능금빛이 빛나고 있다. 파리들은 섬돌 양지까지 와 앉았다가 날았다가 하는 때다.

창호의 처는 마침 어린애를 재워 놓고 부엌에서 약을 달이던 때에 바깥으로부터 석공장 주인영감과 또 늙수그레한 사람 하나가 들어온다.

그는 벌써 가슴이 섬뜩하였다. 살기가 등등하여 들어오는 것을 볼 때에 벌써 자기의 남편이 상상되었다. 언제든지 얼굴이 침통한 젊은 남편이 상상되었다. 쥔영감은 부리나케 들어오면서 벌써 집부터 아래위로 휘휘 하고 둘러본다.

집을 잘 가꾸고 사나 하는 집쥔 같은 집요한* 눈알이다.

"창호 어른 계시오."

그는 어름어름하면서 그보다 분한 생각이 나서 가슴이 탁 막히어서,

"네!"

"어디요?"

"저 동산에요."

"좀 오라구 그러우."

퉁명스럽게 저의 집 하인을 저의 집 하인에게나 불러 오라는 듯하였

---

* **휘리(揮罹)** 후릿그물을 둘러쳐서 물고기를 잡음. 여기서는 날벌레 따위를 후려서 사로잡는 데 쓰는 후릿그물의 뜻으로 쓰인 듯.
* **오정(午正)** 정오.
* **집요(執拗)하다** 몹시 고집스럽고 끈질기다.

다. 그는 가슴이 콕콕 하면서 금방 울 듯이 흥분이 되었다. 그러나 겨우 겨우 참았다.

그의 부르는 소리를 듣고 아버지는 얼굴부터 확확하였다. 팩하기로* 유명한 자기 성미는 어디론지 사라지고 말았다. 추장(酋長) 앞에서 굽실거리는 노예(奴隷)와 같았다. 그렇다. 그는 확실히 노예이었었다. 공연히 빙긋빙긋하고 나와서 굽실하면서,

"영감 웬일이세요?"

쥔은 그 대답은 들었는지 말았는지 모른 척하고 가장 살기* 있는 소리로,

"창호는 언제 온답디까?"

"글쎄요! 갈 적에는 이틀만 있으면 곧 내려온다더니 오늘이 벌써 닷새째나 되는데 아주 궁금한데요."

헤헤 하고 또 웃으며 저의 눈치만 본다. 그러나 그의 말라빠진 가슴 속에서는 뼈 울리는 고통이 날뛰었다.

같은 늙은이로 박대받는 설움, 분노는 온몸을 사시나무같이 떨어 놓았다.

"궁금해요? 당신도 딱허우! 여보 길게 말할 것도 없소. 대체 창호가 갈 적에 날 보고 뭐라고 간 줄은 아시우."

"그럼요, 한 이틀 동안만 말미를 줍시사고 했다죠."

쥔은 덜컥 목소리를 높이며,

"뭐요! 저러니까 어디 자식 하나 윽박지를 수가 있수……. 내 이야기 할게 들어 보오. '너 갈 테냐.' '네.' '너 가지 마라. 내쫓는다.' '좋소.' 이랬다우."

들이대는 소리로,

---

* 팩하다 작은 몸집으로 지지 아니하려고 강팍하게 대들다.
* 살기(殺氣) 독살스러운 기운.

"알았수. 그야 어떻든지 간에 그야 창호가 내 공장 아니면 벌어먹질 못할 테요? 내가 창호 아니면 공장을 못 할 게요? 아무 상관은 없소."

사형 선고 듣는 듯싶었다. 아버지는 급히 말을 가로채서 애걸하다시피,

"아니 영감, 망령의 말씀을 다 하시는구려. 다 어린 사람을 용서를 하셔야죠."

"용서요? 참 어린것입디다. 아모 상관 없이 일만 잘하는 모든 공쟁들을 저녁마다 모아 놓고 뭐니뭐니 하고 동맹 파업이나 해서 쥔을 곯릴 의논만 하는 놈이 어리단 말요! 여보, 그건 어떻든지 간에 좀 박정* 하지마는 영감도 오늘부터는 좀 쉬슈."

"네?"

"그 동안 내 과원을 이렇게 잘 거두어 주어서 고맙기는 허오마는 오늘부터는 내가 이 사람을 좀 맡기려고 해서 왔으니 내일 안으로 내놓도록 하시오."

아버지는 거의 소리를 지를 만치 놀랐다.

물론 상상은 하였지만 이같이 심악하고* 또는 급전될 줄은 몰랐다. 분하고 괘씸하고 한 생각은 죄 없어졌다. 다만 엎드리든지 볼기를 맞든지 어떤 무슨 욕을 당해 가면서도 살려 주기만 바라는 그러한 초조에 빠졌다.

"아니, 그게 무슨 소리세요?"

그 소리는 아주 처량히 들렸다. 늙어빠진 얼굴이 거의 울 듯이 되어서 벌벌 떨고 하는 소리는 마치 외양간으로 멀리 가면서 곡속전율하는* 늙은 소와 같았다.

＊박정(薄情) (마음 씀씀이나 태도가) 너그럽거나 푼푼하지 못하고 쌀쌀함.
＊심악(甚惡)하다 매우 모질고 독하여 야멸차고 인정이 없다.
＊곡속전율하다 두렵거나 무서워서 벌벌 떨다.

그러나 쥔은 도리어 재미있게 보였다. 상쾌하게 보였다. 그리고 자기 말 한 마디에 저렇게 벌벌 떨게 만드는 자기의 위력을 스스로 자긍하였다. 사실 자기는 그만 위력, 그만한 권력의 주인인 만큼 그만큼 잔인성이 있었다.

그러다가 다시 쥔의 마음은 상쾌함이 증오로 변하였다. 늙은 것이 벌벌 떠는 것이 재미있다가는 그 재미있는 찰나가 연장됨을 따라 보기 싫게 되었다. 처지가 불쌍한 것보다 누더기 옷 입은 꼴이 먼저 보기 싫은 것과 같은 똑같은 심리로 변하였다.

그래서 때리고나 싶었다. 넘어져서 우는 어린애를 더한층 윽박질러 두들겨 대는 사나운 어머니의 마음과 비슷하게 변하였다.

그래서 주인영감은 아주 늙은 마귀같이 되었다.

"뭐 늙은 게, 자식 하나 가르치지 못하는 게 뭐? 무슨 큰 소리야!"
하고 집을 휘둘러보더니,

"그래, 남의 집을 얻어 들었으면 고마운 줄은 모르고. 그래, 남의 집이라고 시들하게 알아서 이렇게 거지를 맨들어 놨단 말이냐. 정말이지 내가 웬만한 사람만 같애도 배상이라도 물어 받을 형편인데."
아버지는 마음을 종잡을 수가 없었다.

"영감 덕택은 참 모르는 것은 아니올시다마는 뻔히 아시다시피……."

말을 끝도 내기 전에 벼락같이 달려들어서 아버지의 뺨을 내리갈겼다. 마음먹어 갈긴 뺨에 아버지는 그냥 쓰러졌다.

쓰러지면서 금방 두 눈에 눈물이 말랐다. '살려 주' 하던 간망*적 애소*는 눈같이 사라졌다. 그 애소, 그 간망이 들씌우고 있던 그 맨 밑의 불평과 분노, 태산 같은 분노! 그것은 생물적으로 폭발이 되었다. 목소

* **간망**(懇望) 간절히 바람.
* **애소**(哀訴) 슬프게 하소연함.

리는 무섭고 떨리었다. 쥔늙은이 소리보다 더한층 무서웠다.

"뭐냐! 이 개 같은 놈."

"흥! 개 같은 놈."

이 때 옥순이는 참지를 못했다. 학대와 모욕받는 아버지, 짐승같이 몰정한* 쥔늙은이……. 아! 그는 악한 계집이 아니었다. 어미를 잃어버려서 미쳐서 날뛰는 암사자이었다.

"너, 왜 사람 치니?"

쥔은 하도 어이가 없는 듯이,

"너, 조그만 계집년이."

그 말대답은 하지도 않았다.

넘어진 아버지는 거의 기색*이나 될 듯이 씨근씨근하기만 한다. 옥순이는 적어도 돌진성과 모험성을 가진 서쪽 여인이다. 그보다 똑바른 정신을 가진 사람이다. 왈칵 달려들어서 두 손으로 힘껏 쥔 늙은이를 밀쳤다.

"뭣, 왜 우리 아버님을 때려! 내노면 그만이지……. 우리가 너 집 아니면 못 살 듯하냐!"

쥔늙은이는 뒤로 비슬하였다*. 그리고 더욱 분노하였다. 그 때 별안간 '으악' 소리가 나며 그의 아버지는 뒤로 나가자빠졌다. 분통이 터져서 기색이 된 것이다. 금방금방 버둥버둥한다. 옥순이는 급히 달려들었다. 가슴을 흔들었다. 고개를 바로 잡고 목이 메었다. 아무 소리도 못 하고 울기만 했다. 꼼짝도 못 하고 가만히 앉아서 울기만 한다.

쥔영감은 이 꼴을 보더니 그냥 슬그머니 갔다.

옥순이는 쩔쩔매고 울었다. 가슴은 터질 듯이 되어서 울었다. 그러나

---

* 몰정(沒情)하다 전혀 정이 없다.
* 기색(氣塞) 심한 흥분이나 충격으로 호흡이 일시적으로 멎음. 또는 그런 상태.
* 비슬하다 힘없이 비틀거리다.

기색한 아버지의 얼굴은 점점 청기*만 돌아간다. 눈초리는 검어만 간다.

그럴 때에 방 안에서는 어린애의 우는 소리가 난다. 부엌에서 졸아붙는 약 소리가 난다.

이러는 때이다. 꼭 이 시간이다.

서울 구리개 광무대* 안에서는 대회를 원만히 마쳤다는 최후의 만세 소리가 난다.

비장하고도 열렬한 희망 있는 만세 소리가 난다.

그 중에는 젊은 박창호의 목소리가 더한층 심각하였었다.

* **청기**(靑氣) 푸르스름한 기운.
* **광무대**(光武臺) 1912년에 박승필 등이 을지로 부근에 세운 극장. 1920년대에 민속극, 창극과 같은 재래 연극을 전문적으로 공연함.

조명희

낙동강

농촌 사람들
저기압

낙동강[*]

낙동강 칠백 리 길이길이 흐르는 물은 이 곳에 이르러 곁가지 강물을 한 몸에 뭉쳐서 바다로 향하여 나간다. 강을 따라 바둑판 같은 들이 바다를 향하여 아득하게 열려 있고 그 넓은 들 품 안에는 무덤무덤[*]의 마을이 여기저기 안겨 있다. 이 강과 이 들과 거기에 사는 인간 —— 강은 길이길이 흘렀으며, 인간도 길이길이 살아 왔었다. 이 강과 이 인간, 지금 그는 서로 영원히 떨어지지 않으면 아니 될 것인가?

봄마다 봄마다
불어 내리는 낙동강물
구포벌[*]에 이르러
넘쳐 넘쳐 흐르네
흐르네 — 에 — 헤 — 야

* 낙동강(洛東江) 우리 나라의 남부를 흐르는 강.
* 무덤무덤 사람이나 짐승, 사물들이 한군데 몰려 있는 모양.
* 벌 매우 넓고 평평한 땅.

낙동강

철렁철렁 넘친 물
들로 벌로 퍼지면
만 목숨 만만 목숨의
젖이 된다네
젖이 된다네 — 에 — 헤 — 야

이 벌이 열리고
이 강물이 흐를 제
그 시절부터
이 젖 먹고 자라 왔네
자라 왔네 — 에 — 헤 — 야

천 년을 산, 만 년을 산
낙동강! 낙동강!
하늘가에 간들
꿈에나 있을쏘냐 —
잊힐쏘냐 — 아 — 하 — 야

　어느 해 이른 봄에 이 땅을 하직하고 멀리 서북간도로 몰려가는 한 떼의 무리가 마지막 이 강을 건널 제 그네들 틈에 같이 끼여 가는 한 청년이 있어 뱃전을 두드리며 구슬프게 이 노래를 불러서, 가뜩이나 슬퍼하는 이사꾼들로 하여금 눈물을 자아내게 하였다 한다.
　과연 그네는 뭇 강아지 떼같이 이 땅 어머니의 젖꼭지에 매달려 오래오랫동안 살아 왔다. 그러나 그 젖꼭지는 벌써 자기네 것이 아니기 시작한 지도 오래였다. 그러던 터에 엎친 데 덮친다고 난데없는 이리 떼 같은 무리가 닥쳐와서 물어박지르며* 빼앗아 먹게 되었다. 인제는 한 모금의 젖이라도 입으로 들어가기 어렵게 되었다. 하는 수 없이 이 땅에서 표박하여* 나가게 되었다. 이렇게 된 것을 우리는 잠깐 생각하여 보자.

이네의 조상이 처음으로 이 강에 고기를 낚고 이 벌에 곡식과 열매를 딸 때부터 세지도 못할 긴 세월을 오래오래 두고 그네는 참으로 자유로웠었다. 서로서로 노래 부르며 서로서로 일하였을 것이다. 남쪽 벌도 자기네 것이요, 북쪽 벌도 자기네 것이었었다. 동쪽도 자기네 것이요, 서쪽도 자기네 것이었다.

그러나 역사는 한 바퀴 굴렀었다. 놀고먹는 계급이 생기고, 일하며 먹여 주는 계급이 생겼다. 다스리는 계급이 생기고, 다스려지는 계급이 생겼다. 그럼으로부터 임자 없던 벌판에 임자가 생기고 주림을 모르던 백성이 굶주려 가기 시작하였다. 하늘의 햇빛도 고운 줄을 몰라 가게 되고 낙동강의 맑은 물도 맑은 줄을 몰라 가게 되었다. 천 년이다. 오천 년이다. 이 기나긴 세월을 불평의 평화 속에서 아무 소리 없이 내려왔었다. 그네는 이 불평을 불평으로 생각지 아니하게까지 되었다. 흐린 날씨를 참으로 맑은 날씨인 줄 알듯이. 그러나 역사는 또 한 바퀴 구르려고 한다. 소낙비 앞잡이 바람이다. 깃발이 날리었다. 갑오 동학이다. 을미 운동이다. 그 뒤에 이 땅에는 아니, 이 반도에는 한 괴물이 배회한다. 마치 나래치고* 다니는 독수리같이. 그 괴물은 곧 사회주의다. 그것이 지나치는 곳마다 기어가는 암나비 궁둥이에 수없는 알이 쏟아지는 셈으로 또한 알을 쏟아 놓고 간다. 청년 운동, 농민 운동, 형평 운동, 노동 운동, 여성 운동…… 오천 년을 두고 흘러가는 날씨가 인제는 먹장 구름에 싸여 간다. 폭풍우가 반드시 오고야 만다. 그 비 뒤에는 어떠한

＊물어박지르다 짐승이 달려들어 물어뜯으며 몸부림치다.
＊표박하다 고향을 떠나 정처없이 떠돌아다니다.
＊나래치다 나래는 '날개'의 사투리. '날개를 세차게 흔들다'는 뜻.

날씨가 올 것은 뻔히 알 노릇이다.

　이른 겨울의 어두운 밤, 멀리 바다로 통한 낙동강 어귀에는 고기잡잇불이 근심스러이 졸고 있고 강기슭에는 찬 물결이 울리는 소리가 높아질 때다. 방금 차에서 내린 일행은 배를 기다리느라고 강 언덕 위에 옹기종기 등불에 얼비쳐 모여 섰다. 그 가운데에는 청년회원, 형평사원, 여성동맹원, 소작인 조합 사람, 사회 운동 단체 사람들이 대부분을 차지하였다. 동저고릿바람에 헌 모자 비스듬히 쓰고 보따리 든 촌사람, 검정 두루마기, 흰 두루마기, 구지레한* 양복, 혹은 루바슈카* 입은 사람, 재킷 깃 위에 짧은 머리털이 다팔다팔하는 단발랑*, 혹은 그대로 틀어얹은 신여성, 인력거 위에 앉은 병인, 그들은 ××감옥의 미결수로 있다가 병이 위중한 까닭으로 보석 출옥하는 박성운이란 사람을 고대 차에서 받아서 인력거에 실어 가지고 마을로 들어가는 길이다.
　"과연, 들리는 말과 같이 지독했구만. 그같이 억대호* 같던 사람이 저렇게 될 때야 여간 지독한 형벌을 하였겠니, 에라 이 몹쓸 놈들."
　이 정거장에 마중을 나와서야 비로소 병인을 본 듯한 사람의 말이다.
　"그래 가주고도 죽으면 병이 나서 죽었닥 하겠지."
　누가 받는 말이다.
　"그러면, 와 바로 병원을 갈 일이지, 곧장 이리 온단 말고?"
　"내사 모른다. 병인 당자가 한사코 이리 온닥 하니……."
　"이거 와 이리 배가 더디노?"
　"아, 인자 저기 뱃머리 돌렸다. 곧 올락 한다."
　한 사람이 저쪽 강기슭을 바라보며 지껄인다. 인력거 위의 병인을 쳐

＊ 구지레하다　구저분하고 더럽다.
＊ 루바슈카(rubashka)　블라우스와 비슷한 러시아의 남성용 겉저고리.
＊ 단발랑　단발한 젊은 여자.
＊ 억대호　덩치가 크고 몹시 힘이 센 사나운 호랑이.

다보며,

"늬 춥지 않나?"

"괜찮다, 내 안 춥다."

"아니, 늬 춥거든, 외투 하나 더 주까?"

"언제, 아니다 괜찮다."

병인의 병든 목소리의 대답이다.

"보소, 배 좀 빨리 저 오소."

강 저편에서 뱃머리를 인제 겨우 돌려서 저어 오는 뱃사공을 보고 소리를 친다.

"예."

사이 뜨게 울려 오는 소리다. 배를 저어 오다가 다시 멈추고 섰다.

"저, 뭘 하고 있노?"

"각중에* 담배를 피워 무는 모양이락구나. 에라, 이 문둥아."

여러 사람의 웃음은 와그르 쏟아졌다. 배는 왔다. 인력거 탄 사람이 먼저다.

"보소, 늬 인력거 사람 탄 채 그대로 배에 오를 수 있는가?"

한 사람이 인력거꾼보고 묻는 말이다.

"어찌 그럴 수 있능기오."

"아니다. 내사 내리겠다."

병인은 인력거에서 내리며 부축되어 배에 올랐다. 일행이 오르자 배는 삐꺽삐꺽하는 놋좆* 마치는 소리와 수라수라 하는 물 젓는 소리를 내며 저쪽 기슭을 바라보고 나아간다. 뱃전에 앉은 병인은 등불 빛에 보아도 얼굴이 참혹하게도 여위어졌음을 알 수 있다.

"보소, 배 부리는 양반, 뱃소리나 한 마디 하소, 예."

---

* 각중에 '갑자기'의 사투리.
* 놋좆 배 뒷전에 자그맣게 나와 있는 나무 못. 노의 허리에 있는 구멍에 이것을 깨우고 노질함.

"각중에 이 사람, 소리는 왜 하라꼬?"

옆에 앉은 친구의 말이다.

"내 듣고 싶다……. 내 살아서 마지막으로 이 강을 건느게 될는지도 모를 일이다……."

"에라 이 백주 짬 없는 소리만 탕탕……."

"아니다, 내 참 듣고 싶다. 보소, 배 부리는 양반, 한 마디 아니 하겠소?"

"언제, 내사 소리할 줄 아능기오."

"아, 누가 소리해 줄 사람이 없능가?…… 아, 로사! 참 소리하소, 의…… 내가 지은 노래 하소."

옆에 앉은 단발랑을 조른다.

"노래하라꼬?"

"응, 〈봄마다 봄마다〉 해라, 의."

"봄마다 봄마다
불어 내리는 낙동강물
구포벌에 이르러
넘쳐 넘쳐 흐르네
흐르네 — 에 — 헤 — 야
……."

경상도의 독특한 지방색을 띤 민요 '늴리리조'에다가 약간 창가조를 섞은 그 노래는 강개하고도 굳센 맛이 띠어 있다. 여성의 음색으로서는 핏기가 과하고 음률로서는 선이 좀 굵다고 할 만한, 그러나 맑은 로사의 육성은 바람에 흔들리는 강물결의 소리를 누르고 밤 하늘에 구슬프게 떠돌았다. 하늘의 별들도 무엇을 느낀 듯이 눈을 끔벅끔벅하는 것 같았다. 지금 이 배에 오른 사람들이 서북간도 이사꾼들은 비록 아니건마는 새삼스러이 가슴이 울리지 아니할 수는 없었다.

그 노래는 제3절을 마칠 때에 박성운은 몹시 히스테리컬하여진 모양으로 핏대를 올려 가지고 합창을 한다.

천 년을 산, 만 년을 산
낙동강! 낙동강!
하늘가에 간들
꿈에나 잊을쏘냐
잊힐쏘냐 — 아 — 하 — 야

노래는 끝났다. 성운은 거진 미친 사람 모양으로 날뛰며, 바른팔 소매를 걷어들고 강물에다 잠그며, 팔에 물을 적셔 보기도 하며, 손으로 물을 만지기도 하고 끼얹어 보기도 한다. 옆 사람이 보기에 딱하던지,

"이 사람, 큰일났구만. 이 병인이 지금 이 모양에, 팔을 찬물에다 정구고 하니, 어쩌란 말고."

"내사 이래 죽어도 좋다. 늬 너무 걱정 마라."

"늬 미쳤구나마…… 백죄*……."

그럴수록에 병인은 더 날뛰며, 옆에 앉은 여자에게 고개를 돌려,

"로사! 늬 팔 걷어라. 내 팔하고 같이 이 물에 정궈 보자, 의."

여자의 손을 잡아다가 잡은 채 그대로 물에다 잠그며 물을 저어 본다.

"내가 해외에 가서 다섯 해 동안을 떠돌아다니는 동안에도, 강이라는 것이 생각날 때마다 낙동강을 잊어 본 적은 없었다……. 낙동강이 생각날 때마다 내가 이 낙동강의 어부의 손자요, 농부의 아들임을 잊어 본 적도 없었다……. 따라서, 조선이란 것도."

두 사람의 손이 힘없이 그대로 뱃전 너머 물 위에 축 처져 있을 뿐이다. 그는 다시 눈앞의 수면을 바라다보며 혼자말로,

"그 언제인가 가을에 내가 송화강을 건늘 적에, 이 낙동강을 생각하고 울은 적도 있었다……. 좋은 마음으로 나간 사람 같고 보면, 비록 만 리 밖을 나가 산다 하더라도 그같이 상심이 될 리 없으련마는……."

이 말이 떨어지자 좌중은 호흡조차 은근히 끊어지는 듯이 정숙하였다. 로사의 들었던 고개가 아래로 떨어지며 저편의 손이 얼굴로 올라갔다. 성운의 눈에서도 한 방울의 굵은 눈물이 뚝 떨어졌다.

한동안 물소리만 높았다. 로사는 뱃전에 늘어져 있던 바른손으로 사나이의 언 손을 꼭 잡아당기며,

＊백죄 '백주에'의 사투리. 여기서는 '어이없다'는 뜻.

"인제 그만둡시대, 의."

이 말끝 악센트의 감칠맛이란 것은 경상도 여자의 쓰는 말 가운데에도 가장 귀염성이 듣는 말투였다. 그는 그의 손에 묻은 물을 손수건으로 씻어 주며 걷었던 소매를 내려 준다.

배는 저쪽 언덕에 가 닿았다. 일행은 배에서 내리자, 먼저 병인을 인력거 위에다 싣고는 건넛마을을 향하여 어둠을 뚫고 움직여 나갔다.

그의 말과 같이, 박성운은 과연 낙동강 어부의 손자요, 농부의 아들이었다. 그의 할아버지는 고기잡이로 일생을 보내었었고 그의 아버지는 농사꾼으로 일생을 보내었었다. 자기네 무식이 한이 되어 그 아들이나 반전을 시켜 볼 양으로 그리하였던지, 남 하는 시세에 좇아 그대로 해 보느라고 그리하였던지, 남의 논밭을 빌려 농사를 지어 구차한 살림을 하여 나가면서도, 어쨌든 그 아들을 가르쳐 놓았다. 서당으로, 보통 학교로, 도립 간이 농업 학교로……

그가 농업 학교를 마치고 나서 군청 농업 조수로도 한두 해를 있었다. 그럴 때에 자기 집에서는 자기 아들이 무슨 큰 벼슬이나 한 것같이 여기며, 만나는 사람마다 자기 아들 자랑하기가 일이었었다. 그러할 것 같으면 동네 사람들은 또한 못내 부러워하며, 자기네 아들들도 하루바삐 어서 가르쳐 내놀 마음을 먹게 되었다.

그러다가 마침 독립 운동이 폭발하였다. 그는 단연히 결심하고 다니던 것을 헌신짝같이 집어던지고는 독립 운동에 참가하였다. 일 마당에 나서고 보니 그는 열렬한 투사였다. 그 때쯤은 누구나 예사이지마는 그도 또한 일 년 반 동안이나 철창 생활을 하게 되었었다.

그것을 치르고 집이라고 나와 보니 그 동안에 자기 모친은 돌아가고, 늙은 아버지는 집도 없게 되어 자기 딸(성운의 자씨)에게 가서 얹혀 있게 되었다. 마침 그 해에도 이 곳에서 살 수가 없게 되어 서북간도로 떠나

가는 이사꾼이 부쩍 늘 판이다. 그들의 부자도 그 이사꾼들 틈에 끼여 멀리 고향을 등지고 떠나가게 되었었다.(아까 부르던 그 낙동강 노래란 것도 그 때 성운이가 지어서 읊던 것이었다.)

서간도로 가 보니, 거기도 또한 편안히 살 수가 없는 곳이었다. 그 나라의 관헌의 압박, 호인*의 횡포, 마적*의 등쌀은 여간이 아니었다. 그의 부자도 남과 한가지 이리저리 떠돌았었다. 떠돌다가, 그야말로 이역 타향에서 늙은 아버지조차 영원히 잃어버리게 되었었다.

그 뒤에 그는 남북 만주, 노령, 북경, 상해 등지로 돌아다니며, 시종이 일관하게 독립 운동에 노력하였었다. 그러는 동안에 다섯 해의 세월은 갔다. 모든 운동이 다 침체하고 쇠퇴하여 갈 판이다. 그는 다시 발길을 돌려 고국으로 향하게 되었다. 그가 조선으로 들어올 무렵에, 그의 사상상에는 큰 전환이 생기었다. 그것은 다른 것이 아니라 이때껏 열렬하던 민족주의자가 변하여 사회주의자로 되었다는 말이다.

그가 갓 서울로 와서 일을 하여 보려 하였으나 그도 뜻과 같지 못하였다. 그것은 이 땅에 있는 사회 운동 단체라는 것이 일에는 힘을 아니 쓰고 아무 주의주장에 틀림도 없이 공연히 파벌을 만들어 가지고, 동지끼리 다투기만 일삼는 판이다. 그는 자기와 뜻이 같은 사람끼리 얼리어 양방의 타협 운동도 일으켰으나 아무 효과도 없었고, 여론을 일으켜 보기도 하였으나 파쟁에 눈이 뻘건 사람들의 귀에는 그도 크게 울리지 못하였다. 그는 분연히 떨치고 일어서며,

"이 파벌이란 시기가 오면 자연히 궤멸될 때가 있으리라."

고 예언같이 말을 하여 던지고서는, 자기 출생지인 경상도로 와서 남조선 일대를 망라하여 사회 운동 단체를 만들어서 정당한 운동에만 힘을

---

* 호인 만주 인.
* 마적 말을 타고 떼를 지어다니는 도둑.

쓰게 되었다. 그리고 자기는 자기 고향인 낙동강 하류 연안 지방의 한 부분을 떼어 맡아서 일을 보게 되었다.

그리고 그는 이 땅의 사정을 보아 "대중 속으로!' 하고 부르짖었다.

그가 처음으로 자기 살던 옛 마을을 찾아와 볼 때에 그의 심사는 서글프기 가이없었다. 다섯 해 전 떠날 때에는 백여 호 대촌이던 마을이 그 동안에 인가가 엄청나게 줄었다. 그 대신에 예전에는 보지도 못하던 크나큰 함석지붕 집이 쓰러져 가는 초가집들을 멸시하고 위압하는 듯이 덩두렷이* 가로 길게 놓여 있다. 그것은 묻지 않아도 동척 창고임을 알 수 있다. 예전에 중농이던 사람은 소농으로 떨어지고, 소농이던 사람은 소작농으로 떨어지고, 예전에 소작농이던 많은 사람들은 거의 다 풍비박산하여 나가게 되고, 어렸을 때부터 정들었던 동무들도 하나도 볼 수 없었다. 그들은 모두 도회로, 서북 간도로, 일본으로, 산지사방 흩어져 갔었다. 대대로 살아 오던 자기네 집터에는 옛날의 흔적이라고는 주춧돌 하나 볼 수 없었고(그 터는 지금 창고 앞마당이 되었으므로) 다만 그 시절에 싸리문 앞에 있던 해묵은 느티나무만이 지금도 그저 그 넓은 마당터에 홀로 우뚝 서 있을 뿐이다. 그는 쫓아가서 어린아이 모양으로 그 나무 밑둥을 껴안고 맴을 돌아 보았다 뺨을 대어 보았다 하며 좋아서 또는 슬퍼서 어찌할 줄을 몰랐다. 그는 나무를 안은 채 눈을 감았다. 지나간 날의 생각이 실마리같이 풀려나간다. 어렸을 때에 지금 하듯이 껴안고 맴돌기, 여름철에 꼭대기까지 기어올라가 매미 잡다가 대머리 벗어진 할아버지에게 꾸지람당하던 일, 마을의 젊은이들이 그네를 매고 놀 때엔 자기도 그네를 뛰겠다고 성화 바치던 일, 앞집에 살던 순이란 계집아이와 같이 나무그늘 밑에서 소꿉질하고 놀 제 자기는 신랑이 되고 순이는 새악시가 되어 시집 가고 장가 가는 흉내를 내던

* 덩두렷하다 매우 덩실하고 두렷하다.

일, 그러다가 과연 소년 때에 이르러 그 순이란 처녀와 서로 사모하게 되던 일, 그 뒤에 또 그 순이가 팔려서 평양인가 서울로 가게 될 제 어둔 밤 남모르게 이 나무 뒤에 숨어서 서로 붙들고 울던 일, 이 모든 일이 다 생각에서 떠돌아 지나가자 그는 흐르륵 느껴지는 숨을 길게 한번 내어쉬고는 눈을 딱 떴다.

'내가 이까짓 것을 지금 다 생각할 때가 아니다…… 에잇…… 쩨…….' 하고 혼자 중얼거리고는 이때껏 하던 생각을 떨어 없애려는 듯이 획 발길을 돌려 걸어 나갔다. 그는 원래 정(情)의 사람이었다. 그러나 그는 근래에 그 감정을 의지로 누르려는 노력이 많은 터이다.

"혁명가는 생 무쇠쪽 같은 시퍼런 의지의 마음씨를 가져야 한다!"

이것은 그의 생활의 모토이다. 그러나 그의 감정은 가끔 의지의 굴레를 벗어나서 날뛸 때가 많았다.

그는 먼저 일할 프로그램을 세웠다. 선전, 조직, 투쟁 — 이 세 가지로. 그리하여 그는 먼저 농촌 야학을 실시하여 가지고 농민 교양에 힘을 썼었다. 그네와 감정을 같이할 양으로 벗어부치고 들이덤비어 그네들 틈에 끼여 생일*도 하고, 농사 일터나, 사랑 구석에 모인 좌석에서나, 야학 시간에서나, 기회가 있는 대로 교화에 전력을 썼었다.

그 다음에는 소작 조합을 만들어 가지고 지주, 더구나 대지주인 동척의 횡포와 착취에 대하여 대항 운동을 일으켰었다.

첫해 소작 쟁의에는 다소간 희생자도 내었지마는 성공이다. 그 다음 해에는 아주 실패다. 소작 조합도 해산 명령을 받았다. 노동 야학도 금지다. 동척과 관영의 횡포, 압박, 이루 말할 수가 없었다. 아무리 열성이 있으나, 아무리 참을성이 있으나, 이 땅에서는 어찌할 수 없었다. 모든 것이 침체되고 말 뿐이었다. 그리하여 작년 가을에 그의 친구 하나

---

* 생일 억지로 하는 서투른 일.

는 분연히 떨치고 일어서며,

"내 구마 밖으로 갈란다. 여기에서 무슨 일을 할 수 있는가? 하자면 테러지. 테러밖에는 더 없다."

"아니다. 그래도 여기 있어야 한다. 우리가 우리 계급의 일을 하기 위하여는 중국에 가서 해도 좋고 인도에 가서 해도 좋고 세계의 어느 나라에 가서 해도 마찬가지다. 하지마는 우리 경우에는 여기 있어서 일하는 편이 가장 편리하다. 그리고 우리는 죽어도 이 땅 사람들과 같이 죽어야 할 책임감과 애착을 가지고 있다."

이같은 권유도 하였으나, 필경에 그는 그의 가장 신뢰하던 동무 하나를 떠나보내게 되고 만 일도 있었다.

졸고 있는 이 땅, 아니 옴츠러들고 있는 이 땅, 그는 피칠함이 생기고 말았다. 그것은 다른 것이 아니다. 이 마을 앞 낙동강 기슭에 여러 만 평 되는 갈밭이 하나 있었다. 이 갈밭이란 것도 낙동강이 흐르고 이 마을이 생긴 뒤로부터, 그 갈을 베어 자리를 치고 그 갈을 털어 삿갓을 만들고 그 갈을 팔아 옷을 구하고, 밥을 구하였었다.

"기러기 떴다. 낙동강 우에
가을바람 부누나 갈꽃이 나부낀다."

이 노래도 지금은 부를 경황이 없게 되었다. 그 갈밭은 벌써 남의 물건이 되고 말았다. 그것은 이 촌민의 무지로 말미암아, 십 년 전에 국유지로 편입이 되었다가 일본 사람 가등이란 자에게 국유 미간지 처리라는 명의로 넘어가고 말았다. 이 가을부터는 갈도 벨 수가 없었다. 도 당국에 몇 번이나 사정을 하였으나, 아무 효과가 없었다. 촌민끼리 손가락을 끊어 맹서를 써서 혈서 동맹까지 조직하여서 항거하려 하였다. 필경에는 모두가 다 실패뿐이다. 자기네 목숨이나 다름없이 알던 촌민들은 분김에 눈이 뒤집혀 가지고 덮어 놓고 갈을 베어제쳤다. 저편의 수직꾼하고 시비가 생겼다. 사람까지 상하였다. 그 끝에 성운이가 선동자라는 혐의로 붙들려 가서 가뜩이나 경찰 당국에서 미워하던 끝에 지독한 고문을 당하고 나서 검사국으로 넘어가서 두어 달 동안이나 있다가 병이 급하게 되어 나온 터이다.

그런데 여기에 한 에피소드가 있다. 그것은 이 해 여름 어느 장날이다. 장거리에서 형평 사원들과 장꾼, 그 중에서도 장거리 사람들과 큰 싸움이 일어났다. 싸움 시초는 장거리 사람 하나가 이 곳 형평사 지부 앞을 지나면서 모욕하는 말을 한 까닭으로 피차에 말이 오락가락하다가 싸움이 되고 또 떼싸움이 되어서 난폭한 장거리 사람들이 몽둥이를 들고 형평 사원 촌락을 습격한다는 급보를 듣고, 성운이가 앞장을 서서

청년 회원, 소작인 조합원, 심지어 여성 동맹원까지 총출동을 하여 가지고 형평사원 편을 응원하러 달려갔었다. 싸움이 진정된 후에,

"늬도 이놈들, 새 백정이로구나."

하는 저편 사람들의 조소와 만매*를 무릅쓰고도 그는,

"백정이나 우리나 다 같은 사람이다…… 다만 직업의 구별만 있을 따름이다…… 무릇 무슨 직업이든지, 직업이 다르다고 사람의 귀천이 있는 것은 결코 아니다. 그것은 옛날 봉건 시대 사람들의 하는 말이다…… 더구나 우리 무산 계급은 형평 사원과 같이 손을 맞붙잡고 일을 하여 나가지 않으면 아니 된다…… 그러므로 형평 사원을 우리 무산 계급은 한 형제요, 동무로 알고 나아가야 한다……."

하고 여러 사람 앞에서 열렬히 부르짖은 일이 있었다.

이 뒤에, 이 곳 여성 동맹원에는 동맹원 하나가 더 늘었다. 그것이 곧 형평 사원의 딸인 로사다. 로사가 동맹원이 된 뒤에는 자연히 성운과도 상종이 잦아졌다. 그럴수록에 두 사람의 사이에는 점점 가까워지며 필경에는 남다른 정이 가슴 속에 깊이 들어배게까지 되었었다.

로사의 부모는 형평 사원으로서 그도 또한 성운의 부모와 마찬가지로 딸일망정 발전을 시켜 볼 양으로 그리하였던지 서울을 보내어 여자 고등 보통 학교를 졸업시키고 사범과까지 마친 뒤에 여훈도*가 되어 멀리 함경도 땅에 있는 보통 학교에 가서 있다가 하기 방학에 고향에 왔던 터이다. 그의 부모는 그 딸이 판임관이라는 벼슬을 한 것이 천지개벽 후에 처음 당하는 영광으로 알았었다. 그리하여 그는,

"내 딸이 판임관 벼슬을 하였는데, 나도 이 노릇을 더 할 수 있는가?"

하고는 하여 오던 수육업이라는 직업도 그만두고, 인제 그 딸이 가 있는 곳으로 살러 가서 새 양반 노릇을 좀 하여 볼 뱃심이었다. 이번에 딸

---

*만매 만만하게 여겨 함부로 꾸짖음.
*훈도 일제 강점기에 초등 학교 교사를 이르던 말.

이 집에 온 뒤에도 서로 의논하고 작정하여 놓은 노릇이다.

그러나 천만뜻밖에 그 몹쓸 큰 싸움이 난 뒤부터 그 딸이 무슨 여자 청년회 동맹이니 하는 데 푸뜩푸뜩 드나들며, 주의자니 무엇이니 하는 사나이 틈바구니에 끼여 놓고 하더니 그만 가 있던 곳도 아니 가겠다, 다니던 벼슬도 내어놓겠다 하고 야단이다.

그리하여 이네의 집안에는 제일 큰 걱정거리가 생으로 하나 생기었다. 달래다, 구스르다, 별별 소리로 다 타일러야 그 딸이 좀처럼 듣지를 않는다. 필경에는 큰소리까지 나가게 되었다.

"이년의 가시내야! 늬 백정놈의 딸로 벼슬까지 했으면 무던하지 그보다 무엇이 더 나은 것이 있더노?"

하고 그의 아버지가 야단을 칠 때에,

"아배는 몇백 년이나 몇천 년이나 조상 때부터 그 몹쓸 놈들에게 온갖 학대를 다 받아 왔으매, 그래도 그 몹쓸 놈들의 썩어 자빠진 생각을 그저 그대로 가지고 있구만, 내사 그까짓 더러운 벼슬이고 무엇이고 싫소구마……. 인자 참 사람 노릇을 좀 할란다."

하고 딸이 대거리를 할 것 같으면,

"아따 그년의 가시내, 건방지게…… 늬 뭐락 했노? 뭐락 해?"

그의 어머니는 옆에서 남편의 말을 거드느라고,

"야, 늬 생각해 보아라. 우리가 그 노릇을 해 가며 늬 공부시키느라꼬 얼마나 애를 먹었노. 늬 부모를 생각기로 그럴 수가 있능가? 자식이라꼬 딸자식 형제에서 늬만 공부를 시킨 것도 다 늬 덕을 보자꼬 한 노릇이 아니가?"

"그러면 어매 아배는 날 사람 노릇 시킬라꼬 공부시킨 것이 아니라, 돼지 키워서 이 보듯기 날 무슨 덕 볼라꼬 키워 논 물건으로 알았는 게오?"

"늬 다 그 무슨 쏘리고? 내사 한 마디 몬 알아들겠다카니…… 아나,

늬 와 이라노? 와?"

"고마, 내 듣기 싫소…… 내 맘대로 할라요."

할 때에 그 아버지는 화가 버럭 나서,

"에라 이…… 늬 이년의 까시내. 내 눈앞에 뵈지 말아. 내사 딱 보기
싫다구마."

하고는 벌떡 일어나 나가 버린다.

이리하고 난 뒤에 로사는 그 자리에 폭 엎어져서 흑흑 느껴 가며 울
기도 하였다. 그것은 그 부친에게 야단을 만나고 나서 분한 생각을 참
지 못하여 그리하는 것만도 아니었다. 그의 부모가 아무리 무지해서 그
렇게 굴지마는, 그 무지함이 밉다가도 도리어 불쌍한 생각이 난 까닭이
었다. 이러할 때도 로사는 으레같이 성운에게로 달려가서 하소연한다.
그럴 것 같으면 성운은,

"당신은 최하층에서 터져나오는 폭발탄 같아야 합니다. 가정에 대하
여, 사회에 대하여, 같은 여성에 대하여, 남성에게 대하여, 모든 것에
대하여 반항하여야 합니다."

하고 격려하는 말도 하여 준다. 그럴 것 같으면 로사는 그만 감격에 떠는
듯이 성운의 무릎 위에 쓰러져 얼굴을 파묻고 운다. 그러면 성운은 또,

"당신은 또 당신 자신에 대하여서도 반항하여야 되오. 당신의 그 눈
물, 약한 것을 일부러 자랑하는 여성들의 그 흔한 눈물도 걷어치워야
되오…… 우리는 다 같이 굳센 사람이 되어야 합니다."

이같이 로사는 사랑의 힘, 사상의 힘으로 급격히 변화하여 가는 사람
이 되었다. 그의 본 성명도 로사가 아니었다. 어느 때 우연히 로사 룩셈
부르크의 이야기가 나올 때에 성운이가 웃는 말로,

"당신 성도 로가고 하니, 아주 로사라고 지읍시다, 의. 그리고 참말로
로사가 되시오."

하고 난 뒤에 농이 참이 된다고 성명을 아주 로사로 고쳐 버린 일이 있

었다. 병든 성운을 둘러싼 일행이 낙동강을 건너 어둠을 뚫고 건넛마을
로 향하여 가던 며칠 뒤 낮결이었다. 갈 때보다도 더 몇 배 긴긴 행렬이
마을 어귀에서부터 강 언덕을 향하고 뻗쳐나온다. 수많은 깃발이 날린
다. 양렬로 늘어선 사람의 손에는 긴 외올 벳자락이 잡혀 있다. 맨 앞에
선 검정테 두른 기폭에는 '고 박성운 동무의 영구' 라고 써 있다.

그 다음에는 가지각색의 기다. 무슨 '동맹', 무슨 '회', 무슨 '조합',
무슨 '사', 각 단체 연합장임을 알 수 있다. 또 그 다음에는 수많은 만장
이다.

"용사는 갔다. 그러나 그의 더운 피는 우리의 가슴에서 뛴다."

"갔구나, 너는! 날 밝기 전에 너는 갔구나! 밝는 날 해맞이 춤에는 네
손목을 잡아 볼 수 없구나."

"……."

"……."

이루 다 셀 수가 없다. 그 가운데에는 긴 싯구같이 이렇게 벌려서 쓴
것도 있었다.

"그대는 평시에 날더러, 너는 최하층에서 터져나오는 폭발탄이 되라
하였나이다. 옳소이다. 나는 폭발탄이 되겠나이다.

그대는 죽을 때에도 날더러 너는 참으로 폭발탄이 되라 하였나이다.
옳소이다. 나는 폭발탄이 되겠나이다."

이것은 묻지 않아도 로사의 만장임을 알 수 있었다.

이 해의 첫눈이 푸뜩푸뜩 날리는 어느 날 늦은 아침, 구포역에서 차
가 떠나서 북으로 움직이어 나갈 때이다. 기차가 들녘을 다 지나갈 때
까지, 객차 안 들창으로 하염없이 바깥을 내어다보고 앉은 여성이 하나
있었다. 그는 로사이다. 아마 그는 돌아간 애인의 밟던 길을 자기도 한
번 밟아 보려는 뜻인가 보다. 그러나 필경에는 그도 멀지 않아서 다시
잊지 못할 이 땅으로 돌아올 날이 있겠지.

농촌 사람들

1

아침에도 큰 두레방석만한 뻘건 해가 붉은 노을을 띠고 들 건너 동녘 봉우리 위로 쑥 솟아올랐다. 그것은 마치 이 세상을 '불'의 세계로 바꾸는 마당에 어떤 무서운 계시의 첫 광경같이…….

그리하여 가뜩이나 말라 시들어 가는 여름철 넓은 세계의 생물들은 한때의 눈을 그리로 쏘며 다시 한 번 더 떨지 아니할 수 없다.

"큰일났다! 영영 사람을 다 죽이고 만다!"

들녘 사람들은 입을 여나 안 여나 다 이와 같은 말을 하게 된다. 밝음의 공포 —— 백색의 공포는 오늘도 또 닥쳐왔다. 그러던 해가 벌써 한나절이 기울었다. 논밭의 곡식은 더 말할 게 없고 길 옆의 풀도 냇가의 잔디도 말랭이*의 산 풀도 모두 말라 시들다가 나중에는 빼빼 꼬여 틀

---

* 말랭이 '마루'의 사투리. 등성이를 이루는 꼭대기.

어져 간다. 어떤 때는 가을 풀밭 모양으로 누렇게 탄 데도 있다.

나뭇잎도 시들부들하여진다.

십리장야 한복판에 길게 내려 뚫고 누운 큰 내는 꾸불꾸불 말라 비틀어져 자빠진 무슨 큰 뱀의 배때기처럼 말라 뻗치어 있을 따름이다.

서쪽으로부터 동쪽 끝까지 이들 북녘을 둘러막은 북망산, 어찌 가다가 적은 나뭇개나 세워 놓고는 거진 다 벌거벗은 채로 있는 이 사태 무더기, 살가죽을 벗겨 놓은 사람의 등같이 보기에도 지긋지긋한 이 시뻘건 사태산. 이 산말랭이 남향폭 안을 불볕이 내리쪼일 제 시뻘건 흙빛은 이글이글 익어 더욱더 붉어지는 것 같다. 그러면 불볕은 더욱더 쏟아져서 하늘에서 쏟는 더위와 땅에서 뱉는 더위가 서로 엄불러* 살과 들을 뒤덮을 제 이따금씩 바람에 불리는 나뭇잎까지 소름치며 떠는 것 같다.

가뭄도 벌써 한 달 반이나 되었다. 졸아붙은 봇물이나마 닿는 상토한 귀퉁이나 또는 샘물을 파서 두레박질하여 대는 구렁텅이 논뙈기를 제외하고는 모두 논바닥이 보얗게 말랐다. 엉거름*이 땅땅 갔다. 벼 이삭이 모두 비비 꼬여 간다. 어떤 때는 푸나무같이 말라서 불을 지르면 탈 듯싶다. 이 해 농사는 아주 절망이다.

그래도 아직까지 애착을 버리지 못하였는지 삿갓 쓰고 종가래 짚은 어떤 농군은 논둑에 우두커니 서서 논바닥을 들여다보고 있다. 검누르게 들뜬 얼굴, 쑥 들어간 두 눈, 말없는 가운데 아픈 표정, 멀리서 자세히 보이지는 아니하나 짐작할 수 있다. 어떤 늙수그레한 여자는 두 다리를 뻗고 앉아서 논둑을 두드리며 통곡하는 이도 있다. 논에 물이 졸아들어 가기 시작할 때부터 졸이던 마음이 이 날 이 때까지 갈수록 더 바싹바싹 타 들어가던 터이다. 죽어 가는 자식의 꼴을 들여다보고 있는 어버이의 마음씨와도 같이 말라 죽어 가는 벼 이삭의 운명을 들여다보

---

* 엄불러 어우러져.
* 엉거름 '논바닥이 말라서 갈라진다'는 뜻.

고 있을 때 울고도 싶고 미칠 듯도 싶다.

"비를 내리지 않거든, 차라리 불을 내리라!"

악이 치받친 사람들의 입에서는 이러한 소리도 나온다.

이들이 들폭 안에 이 참혹한 광경을 홀로 우뚝 서서 바라보고 있는
것은 이 마을 앞에 서 있는 묵은 정자나무다. 이 정자나무는 그늘 좋기

로 이름난 느티나무로서 잎과 가지가 뻗어 나가서 폭 안도 굉장히 넓고 나무 밑 대궁도 여러 아름이나 되게 굵다. 마치 이 나무만이 이 마을에 묵은 역사를 다 말하는 듯이, 다른 때 같고 보면 평생 일도 할 줄 모르고 놀기만 하는 엇박이 친구들이나 이같이 바쁜 철에도 이 나무 그늘 밑에 모여들어 앉아서 장기나 바둑으로 기나긴 해를 넘겨 보낼 터인데, 지금은 한다하는 장정 일꾼들이 모두 이 곳으로 모여 앉아서 근심기 띤 얼굴을 하여 가지고 서로 바라보며 가뭄 걱정을 하는 것이 이들의 가장 큰 말거리다. 걱정뿐만이 아니라 앞으로 올 무서운 흉난리를 미리 느끼며 침울한 가운데에도 가슴이 은근히 떨린다.

사람이 어떤 공황에 눌릴 때에는 서로 모이고 싶은 마음이 다른 때보다 더 나는 것이다.

"인제는 더 말할 것 없이 아주 흉년이지?"

이것은 술타령만 잘하며 뻔들뻔들 놀기만 하고 농촌에 살면서도 농사 이치라고는 모르는 예전 아전 퇴물인 이불량의 말이다. 그는 아전 다닐 시절에 촌사람의 것이라면 속이고 어르고 해서 잘 떼어먹고 살던 터이므로 불량(不良)이라는 별호까지 얻었다. 그러나 지금은 하는 수 없이 이 농군들 틈에 와서 끼여 지내 가며 한층 떨어져서 벗* 같은 것도 주고받고 하며 그럭저럭 지나가는 건달패다.

"흉년은 벌써 판단된 흉년이지. 그러나 지금이라도 비만 온다면 아주 건질 수 없게 된 말라 죽은 것 외에는 다소간 깨어날 것도 있을 테이까. 그러한 것은 한 마지기에 단 벼 몇 말을 얻어먹더라도……."

고추상투*를 하여 가지고 줄부채를 왼손에 들고 슬쩍슬쩍 부치며 앉았던 반나마 늙은이의 참하게 대답하는 말이다.

"설령 그렇게 된다 하더라도 볏말박을 건질 사람은 몇 사람이나 되며

---

*벗 불을 피울 때 불씨에서 불이 옮겨 붙는 장작이나 숯.
*고추상투 늙은이의 조그마한 상투를 비유적으로 이르는 말.

건진다 하더라도 며칠이나 먹게 될 테야 그게."

여름에는 참외 장수, 겨울에는 나무 장수로 이름난 중년에 들어 보이는 눈껍적이의 말이다.

"그러고저러고 간에 필경에는 다 죽네 죽어."

눈껍적이와 같은 나쎄나 들어 보이는 세고패 상투쟁이의 하는 말이다.

"네기를 할…… 그럴 줄 알았더라면 매고 뜯지나 말 것을…… 공연히 없는 양식, 없는 돈에 술 밥만 처들여 가며……."

또한 눈껍적이의 입맛 다시며 하는 말이다.

"지금 앉아서 그런 걱정이 다 소용 있는 걱정이겠나……."

곰방대에다가 담배를 담아 가지고 앉아서 지금 세상에 철 늦게 부시를 쳐서 불을 붙인 부시깃을 갖다가 대꼬바리에 박고는 **뻑뻑 빨며** 말대꾸하는 반나마 늙은이의 말이다.

"사람이 모두 굶어 죽어야 옳단 말인가? 품이라도 팔아먹을 것이 있어야지."

이 말은 영남 사투리를 써 가며 말하는 곰보 총각의 말이다. 그가 영남서 이 곳으로 올라와 남의 집 머슴살이 한 적도 한두 해에 지나지 않는다 한다. 이 여러 사람들은 말이 이 입에서 터져 나오고 저 입에서 터져 나오고 하여 서로 어지럽게 또는 드문드문하게 지껄여 댄다.

"일본이나 가세그려."

"이 사람 말 말게. 갔다가 돌아오는 것들은 어쩌고. 돈벌이가 좋다더니만 까딱 잘못하면 사람을 무엇 감옥 속 같은 데로 속여 끌고 들어가서 그 안에다 가두고 죽도록 일만 시키고 돈도 먹을 것도 얼마큼씩 안 주고 한번 갇히면 세상 밖에도 잘 못 나온다네."

"다 그러할 리야 있으랴마는 자칫하면 그러는 수도 있다더구먼."

하고 이때껏 남의 말만 듣고 앉았던 떠꺼머리 총각의 받는 말이다.

그는 나이도 스물너더댓이나 되어 보이고 기운도 차 보이고 사람도 좋아 보이나 이때껏 장가도 들지 못한 터이다. 머리를 굵게 땋아서는 머리 위에 칭칭 감고 그 위에다가 베수건을 질끈 동인 꼴이 떠꺼머리 총각이란 말과 같이 쇠어* 가는 밀대* 모양으로 보기에도 좀 징글맞아 보인다. 그와 반대로 볏섬이나 쌓고 먹는다는 이 마을 높은 사랑집의 북상투 짠 열서너 살 먹은 새신랑의 꼴에다 서로 어루어 놓고 보면 그 것도 이 열리지 못한 사회에서 예사롭지 않은 무슨 변으로 느껴진다.

"서간도는 올 같은 해에 가뭄도 안 들고 조가 아주 잘 되었다고 재작 년에 들어간 그 이쁜이 아버지 천보 말이여, 그한테서 일전에 건넛마 을 자기 당숙집에 편지가 왔더라네…… 거기나 갈까?"

"거기 가면 별수 있나. 거기도 관헌들과 지주들의 압제가 여간이 아니 라네. 거기 가서 살던 사람들도 이리로 쫓겨가고 저리로 쫓겨간다네."

"그러면, 네미…… 우리 조선 사람은 살 곳도 없고 갈 곳도 없구나!"

이 소리는 뼈아프게 울려 나왔다.

둘러앉은 여러 사람은 말없이 땅만 굽어보고 있을 뿐이다. 무슨 생각 에 잠긴 그들의 눈 속에는 없지 않은 근심과 아픔의 빛이 또한 잠겨 있 다. 침묵은 한참 동안이나 끌어 나갔다.

"네기를 할, 예전 의병 병리 같은 ○○○나 또 이 ○○○○○?"

하고 한 사람이 침묵을 깨뜨린다.

"사람이 조금만 더 배가 고파 봐, 악이 나서 무슨 짓을 못 하나."

"제발 벼락이나 치면 경칠 거!"

"흥 저것 봐, 바싹바싹 타 들어가는구나!"

한 사람이 고개를 들어 벌판을 바라다보며 기막힌 듯이 말한다. 여러 사람이 한꺼번에 모두 고개를 들어 들녘을 내어다본다. 그들은 보기가 하도 지긋지긋하다는 듯이 상을 찌푸리고 바라다본다. 잠시 동안 잊었

---

* 쇠다 너무 자라서 줄기나 잎이 억세다.
* 밀대 '밀짚'의 사투리. 밀알을 털고 난 밀의 줄기.

던 공포가 다시 닥쳐왔다.

"하느님, 맙시사!"

이것은 늙은이의 부르짖는 말이다.

"죽여라! 죽여! 어디 견디어 보자. 경을 칠 거……."

이것은 젊은이의 부르짖는 말이다. 쓴 침묵은 또 끌어 나간다.

"서간도…… 서간도…… 그래도 거기나 가 봐……. 그런데 그 이쁜네하고 같이 간 음전네는 서간도에 안 있데여. 거기서 더 들어가 어딘지도 알 수 없는 곳으로 가 버리고 말았다네그려."

"그래 그 음전네는 소식도 없대유?"

이것은 한 옆에서 고누판을 그리고 앉았던 총각의 말이다.

"모른다네……."

떠나간 사람들의 자취가 덧없이 되었다는 것을 탄식하는 듯한 긴 말씨로 대답하던 사람은 또한 눈꺼적이다.

"삼 년…… 벌써 삼 년이로구나!"

갑자기 서글픈 듯이 건넛산 고갯길을 우두커니 바라보며 말하는 총각의 한숨 비슷한 말이다. 거듭 잇달아,

"제 —— 기."

하고 다시 땅을 굽어보는 그의 눈과 얼굴에는 슬픈 빛이 띠어 있다. 아마도 아마도 그의 가슴에는 휘휘 틀어져 감겨 나오는 지나간 날 로맨스의 꿈이 다시 떠오르는 것이나 아닐까? 그 음전이란 처녀를 생각하고 그러는 것은 아닐는지?

이 때 그 마을 앞 신작로에는 짐차가 온다. 한 채, 두 채, 세 채나 된다. 무거운 수레를 끌고 가는 소는 숨과 발이 한가지로 터벅거린다. 사람도 마음 속까지 가뭄이 들어서 놀기에도 괴로운 터인데…….

"그게 뭐유? 벼입니까?"

영남 악센트로 말하는 곰보 총각이 마차꾼보고 묻는 말이다.

"쌀이라네."

마차꾼은 채찍으로 소 궁둥이를 툭 때리며 대답한다.

"뉘 집 쌀이유?"

마차꾼은 대답도 하기 전에 곰방대를 쇠꼬치로 후비고 앉았던 세 곱 상투가 말을 채서,

"물어 볼 거 무엇 있어. 김참봉네 쌀이지."

"김참봉네가 언제 그렇게 부자가 됐나?"

이것은 이때껏 잔뜩 찌푸린 상으로만 아무 말참례 없이 앉아 있던 원보의 말이다. 그는 금전판이고 대처 바닥으로 돌아다녀 머리까지도 깎았다는 사람이다.

"흥, 부자 될 수밖에. 요전까지도 그 부자(父子)가 다 돈벌이하였지. 작년부터 돈놀이하고, 더구나 지금은 동척 회사 사음이고. 지독하게 긁어모으니 부자 될 수밖에…… 게다가 세도가 좋지, 옛날의 닷 분세 뭉치니, 양반이니 하는 것은 그만두고라도 군청이고 척식 회사고 헌병소고 다 무엇 세도가 막 난당*이지."

원보의 친구가 하는 말이다.

"주릿대를 안길 놈들, 그놈의 부자는 두 놈이 다 고약도 하더니……."

"고약하니께 돈 모은단다. 법에 숨어서 도적질하는 놈들이니께. 못난 우리 같은 것들이 공연히 섣불리 도적질하다가 법에 잡혀 들어가지."

이것은 그네의 말마따나 돌아다니며 널리 박람하여 귀가 열렸다는 원보의 말이다.

"참 그래."

원보의 힘있게 내어붙이는 말에 동감이라는 듯이 둘러앉은 청중에서 몇 사람은 잇대어 이와 같이 대답한다.

＊난당 당해 내기 어려움.

"보리알 꽁댕이도 얻어먹지 못하여 부황이 나서 사람의 얼굴이 모두 들뜬 판에……."

"어떤 놈은 쌀을 몇 차씩 산단 말인가."

눈알을 부리부리 굴리며 말하는 키가 작달막하고 뭉툭하게 생긴 원보의 한 친구의 말이다.

"무얼 무슨 짓을 하더라도 그 따위 놈의 것을 뺏어 먹을 수 있다면 뺏어 먹는 것이지."

이것은 원보의 말이다.

"그것은 자네 말이 글렀네."

이것이 마치 찌는 더위에 털끝 하나 꼼짝 못 하고 숨막 헐떡거리고 앉았는 오뉴월에 알을 품은 암탉 모양으로, 더위를 이기지 못하여 웅숭 그리고 앉아 눈만 까막까막하며 거진 육십 줄에 들어 보이는 늙은 영감이 한탄하는 말이다.

"글르기는 무엇이 글러요? 누구나 굶어 죽게 생기면 있는 놈의 것을 뺏어다가라도 먹고 사는 것이 의당한 일이지 공연히 꼬장꼬장한 체만 하다가 굶어 죽지."

또한 원보의 하는 욕이다.

"그것은 이치가 틀린 말이야. 부자고 가난한 사람이고 다 제 팔자고 제 복이지."

하고 저쪽 늙은이 편을 드는 사람은 어물 장사하여 돈냥이나 모았다는 젊은 자의 말이다.

"무엇, 제 팔자?"

하고 말끝을 주춤하던 원보는 얼굴에 핏대를 올려 가며 자기의 주장을 세워 말을 기다랗게 또는 힘있게 늘어놓았다. 또는 저편에서도 자기네 주장에 지지 않으려고 연달아 대거리를 하였다. 그리하여 판이 떠들썩하게 한참 동안이나 의론의 불꽃이 타올랐다. 또는 그 늙은이와 원보와는 의론 끝에 감정의 갈등이 나서 다툼까지 하였다.

"예끼 이 사람들! 말이 모두 억지고 맘씨가 몹쓸 맘씨로세. 그러한 맘
보를 먹고 있다가는 제 명대로 살지도 못하리."

이 말에 원보는 들은 체 만 체하고 벌떡 일어나서 동네 안 골목으로
들어가 버리고 말았다. 그가 일어서 빠져 간 뒤의 좌중은 다시 쓰디쓴
침묵 속으로 잠겨지고 말았다.

2

원보가 골목 안으로 들어간 지 한참 있다가 다 쓰러져 가는 오막살이
집 속에서는 큰 목소리가 일어난다. 여자의 울음소리도 일어난다. 아까
그 나무 그늘에 앉아서 이야기하던 마을 사람 말마따나,

"또 쌈이 났구나!"

"원보는 밤낮 그 불쌍한 늙은 어머니와 쌈질만 하것다."

한다. 울음소리는 점점 더 커진다. 원보의 친구 한 사람은 달려가기까
지 한다. 좁은 봉당* 덮은 멍석자리 위에는 예순이 가까워 보이는 원보
의 어머니가 극성을 피우고 앉아 있다.

"이놈아! 이틀씩이나 굶은 네 어미를 잡아먹지를 못해서 이 야단이
냐?…… 밭뙈기까지 있던 것 죄다 갖다 까불러 올리고 나서 어미야
죽든지 말든지 내던져 버리고 몇 해씩 돌아다니다가, 집이라고 돌아
와서 뻔들뻔들 놀며 어미만 들들 볶아 먹고…… 굶어 가며 품판 돈으
로 돼지 새끼 하나 사다가 길러 논 것을 팔아다가 술 받아 처먹
고…… 어미가 굶어 죽게 되었으니 빈 맘이라도 불쌍하게 생각을 하
나…… 어린 자식새끼가 병이 나서 죽게 됐으니 약 한 푼어치를 사다

---

* **봉당** 재래식 한옥에서 안방과 건넌방 사이의 마루를 놓을 자리에 흙바닥을 그대로 둔 곳.

가 주나?…… 참다 못하여 김참봉네 집에 돈냥이나 꿀까 하고 간 것이 아니냐. 코만 잡아떼고 돌아와서 분한 생각에 설움이 복받쳐서 우는 어미를 그래 이래야 옳단 말이냐?"

하며 울고 있으려면, 그 옆자리에는 마치 낡고 구긴 헌 명주옷같이 보드라운 살이 비비 꼬일 만큼 마르고 때투성이를 한 예닐곱 살 가량 된 계집아이가 일어날 기운도 없는지 팔다리를 축 늘어뜨리고 누워서 힘없는 목소리로 칵칵 하며 울고 있다.

그 꼴을 잔뜩 찌푸린 상으로 바라보고 있던 원보는 악이 난 말조로,

"예끼 이 망할 새끼, 어서 뒈어지기나 해라!"

"이놈아, 그게 무슨 죄냐, 그 불쌍한 게 무슨 죄냐?"

하고 또 발악을 할 때,

"아 그 원수놈의 김참봉인지 주릿대를 할 놈의 집에 돈인지 무엇인지를 꾸러 가는 그런 소견머리가 어디 있단 말이어? 엣 참, 네기를 할…… 엑."

하고 원보는 벌떡 일어나 걸어가는 길목 옆에 놓인 화로를 발길로 걷어차 화로는 깨어졌다.

"이놈아, 날 잡아먹어라!"

하고 어머니가 아들의 발목을 붙들자 아들은 발목을 차는 듯이 내뿌리며 어머니는 저쪽에 가 떨어져 대굴대굴 구르며 통곡한다. 그래도 원보는 본 체 만 체하고 마침 문간에 들어서며 붙잡아 내는 친구에게 끌려 마을 주막으로 가 버리고 말았다.

남의 말을 듣든지 지금 이 모양을 보든지 원보는 과연 불량한 사람이 되었다. 이같이 된 경로를 대강 그려 보면 이와 같다.

지금으로부터 여러 해 전이다. 그 때에는 원보라면 누구나 다 일 잘하고, 부지런하고, 착하고, 규모 있고, 말썽 없고, 맘씨까지 바르다고 일컫던 터이다. 그는 나무 장사로 돈냥을 모으고, 그 돈으로 송아지 필

이나 사고, 그것이 또 늘어서 밭떼기를 사게 되고, 또는 남의 땅일망정 논농사도 착실히 지으며 나이 젊고 곱게 생긴 아내와 늙은 어머니와 안팎이 다 한가지로 부지런하여 재미가 오붓하게 살아 나가므로 그의 친구들도 부러워할 만큼 되었었다.

그러다가 삼 년 전 여름 — 그 때도 이 해 같지는 아니하였으나 가뭄이 좀 대단한 시절에 사람 사람이 자기 논에 물 댈 양으로 눈들이 뒤집혀 가지고 야단들 할 즈음에 원보도 밤을 새워 가며 논에 물을 대게 되었다. 물이라고 겨우 대줄기만한 물줄기를 흘려 넣으며 그는 수통머리에 풀이 모지라지도록* 궁둥이를 붙이고 앉아서 지키고 있었다.

그 때에 김참봉 집에서 들판 여러 농사꾼을 무시하고 물을 도수하여 가지고 자기 논에만 댈 양으로 그 시절에는 한참 어깻바람이 나도록 세도를 부리는 헌병 보조원인 김참봉의 아들이 순박한 촌 백성을 위협이나 하는 듯이 한 손에 몽둥이를 들고 억탈로 경계도 없이 이 논 수통 저 논 수통을 막으며 서슬이 시퍼렇게 물을 가두어 대며 오다가 원보가 지키고 있는 수통머리에 닥치자마자 덮어놓고 수통을 막아 대고 말았다.

이것을 본 원보는 눈에서 불이 돋을 만큼 분이 났었다. 부리나케 달려들어 막은 수통을 잡아 흩어 놓았다. 이것을 본 김창봉의 아들은 다짜고짜로 달려들며 몽둥이로 원보를 후려갈겼다. 맞고 난 원보는 당시에 그러한 직함을 가진 사람에게야말로 말 한 마디라도 거역할 수 없을 만큼 무서운 줄도 모르는 바는 아니지마는 이 당장에는 자기의 한 목구멍으로 넘어가는 물보다도 더 중하게 여기는 논물을 뺏기고 더구나 얻어맞기까지 하고 난 판에 벼락이 내린대도 무섭지 않을 만큼 된 터이다. 그만 달려들어 그를 물에다 잡아 처넣어 버렸다. 두 사람은 서로 얽혀 엎치락잦히락 때리고 차고 하며 싸워 댔다. 필경에는 여러 사람이

---

* 모지라지다 물건의 끝이 닳거나 잘려서 없어지다.

뜯어말리게 되었었는데 집에 돌아와 있은 지 얼마 있다가 읍내 헌병대로부터 보조원 두 사람이 나와서 원보를 붙들고 뺨을 치고 구둣발로 차고 하며 개 패듯 하더니 포승으로 칭칭 얽어 묶어 가지고 갔었다.

원보가 유치장에 여러 날 갇히어 있다가 도청 있는 ○○군 검사국으로 넘어가서 다시 감옥으로 들어가 일 년이라는 짧지 않은 세월을 징역하고 나오게 되었다.

그 가운데 기가 막힌 일 하나는 원보가 감옥에 있을 때에 믿고 믿었던 저의 아내에게 이혼 소송을 당한 것이다. 그것은 그 아내라는 사람이 그의 위풍과 세도를 흠모함이 있는지 원보와 척이 진* 김참봉 아들과 배가 맞아서 그렇게 된 것이다. 이것을 그 뒤에 저의 어머니가 면회하러 와서 알게 된 일이지마는, 어쨌든 그 때에 그 일을 당한 원보는 마음에 도리어 아니꼬운 생각이 나서 그리하였던지 재판정에 불려가서 그 아내의 이혼 청구를 쾌히 승낙하여 주었었다. 감옥에서 나온 뒤에 집이라고 와서 보니 아내가 내어버리고 간 어린 딸을 데리고 늙은 어머니가 지악스럽게 해서 간신간신히 부지는 하여 가나, 전날의 탁탁하던* 꼴은 다시 볼 수 없고 더구나 아내조차 없어 집안이란 것이 마치 삶이 채간 닭의 홰장 모양으로 휑 —— 한 것이 쓸쓸하기가 가이없다.

그는 마음 붙일 곳이라고는 아무 데도 없다. 그리하여 그는 술 먹기 시작하고 놀음하기 시작하여 난봉나기 시작하였다. 그럴수록에 그의 어머니는 바가지 긁기를 시작하였다. 모자간에 싸움도 잦아졌다. 동네 사람들도 원보가 고약해져 간다고 말들을 했다. 그럴수록에 원보는 점점 더 술만 먹고 남하고 말썽부리기 좋아하며 싸움하기 좋아하여 간다. 부치던 남의 땅마지기도 떨어진다. 남아 있는 소필이고 밭떼기고 모조리 다 팔아먹게 되고 집에만 들어오면 모자 사이에 싸움하는 것이 일이

---

* **척이 지다** 서로 원한을 품어 반목하게 되다.
* **탁탁하다** 살림이 넉넉하고 윤택하다.

었다. 그러다가 그는 집에도 있지 않고 그만 나가서 일 년 동안이나 떠돌아다니다가 마음이 어떻게 내켰던지 마침내 집으로 다시 들어오게 된 것이었다. 이번에 집에 돌아온 뒤에는 전과 같지는 아니하나 또한 가끔가끔 그 굶주리는 어머니와 싸움질을 하는 터이다.

아까 그 어머니와 싸운 일만 보아도 그렇다. 원보의 마음은 과연 이같이 사나워졌다. 그같이 사납게 된 까닭이 어디 있다는 것을 자기도 짐작은 하는 터이다. 그것은 자기가 이같이 된 것이 첫째는 아내를 잃어버린 까닭으로 마음 붙일 곳이 없어서 그리 되었다는 것, 그 아내를 잃어버리게 된 것은 그 김참봉의 아들이 그리하여 놓았다는 것, 그 김참봉의 아들이 그런 짓을 하게 되고 또한 그런 짓을 하게 되어도 세상에서는 아무도 그를 손대지 못한다는 것을 알게 된 데로부터 이런 저주로운 세상과 사람을 모조리 미워하게 되며, 굶주리고 게으르고 인정 없고 잔인한 짓도 예사로 하게 되어 생활과 마음이 여간치 않게 변하였다. 그럴수록 그는 더욱더 자기 목숨을 살리기 위하여서는 어떠한 험악한 짓이라도 가리지 않고 하게 된다.

다시 말하면 자기 목숨만은 살려 나가려는 마음이 더 강하여 가는 것이다. 또다시 말하면 그는 묵은 인습적 도덕과 양심이란 것을 잊어버리는 동시에 원시적 생활력의 굳센 힘을 다시 회복하게 되었다.

3

이 날 밤에, 밤이 이슥하여서 원보는 자기 집으로 돌아왔었다. 지친 사립문을 슬그머니 열고 마당으로 들어섰다. 어느 때고 여름철만 되고 보면 방 안에서는 빈대 벼룩에 쫓기어, 봉당에서 자다가 이제 봉당에서도 물것에게 쫓기어, 나중에는 마당으로 나와 한지 잠을 자게 되는 것이 전례다. 마당 멍석자리 위에 그의 어머니가 손녀딸을 데리고 누워서

자는 모양이 눈에 먼저 뜨인다. 그는 봉당에 가서 쭈그리고 앉아서 누워 자는 자기 어머니의 꼴을 바라다보았다.

이 날이야말로 스무날께 늦게 돋는 달이 벌써 하늘의 반쯤은 솟아서 올라 있다. 달빛이 바로 봉당 마당 반쪽을 들이비추게 되었다. 달빛을 받은 그의 어머니의 얼굴은 말라서 쭉 빠졌던 살이 굶어서 부황이 났는지 부석부석하게 부어오른 것이 지금 보아도 넉넉히 알 수 있다. 다 죽어 가게 되었다는 어린 딸은 잠결에도 다만 하나인 그의 할머니만은 잃지 못한다는 듯이 손으로 할머니의 팔목을 붙든 채 잠들어 있다. 원보는 그 꼴을 보기가 어색하고 싫증도 나서 눈을 딴 데로 돌렸다. 그의 어머니의 누운 머리맡에는 낮에 깨어진 화로를 무엇으로 얽어 동여매어 가지고 그 안에는 푸나무로 모깃불을 놓아서 지금도 가는 연기가 실마리같이 달을 향하고 피어오른다. 이 화로를 바라다본 원보는 예전 생각이 번개같이 지나쳐 간다. 이 화로야말로 옛날에 들일하러 다닐 때에는 으레 이 화로에다가 왕겨 같은 것을 피워 담뱃불을 담아 가지고 다니던 터이다. 그는 지금 당하여 부질없는 옛 생각은 할 까닭이 없다고 생각하여 마음 속에 번뜩거리는 생각의 그림자를 쫓아 버릴 양으로 눈을 딴 데로 또 돌렸다. 그러나 이번에는 옛날에 물꼬 보러 다닐 제 들고 다니던 괭이가, 더구나 그 집 참봉 아들하고 물쌈할 때에 가지고 갔던 괭이가 눈에 뜨이게 되매 그는 새삼스러이 분노가 떠오르지 아니할 수 없게 되었다. 땅만 굽어보고 있는 그의 눈은 어둔 밤이 되어서 잘 보이지는 아니하나 대낮만 같고 보면 분명히 그 불량스러운 눈자위가 끄먹끄먹함을 볼 수 있으리라.

한참이나 우두커니 앉아 있다가 그는 곰방대에 담배를 담아 화로에 가서 불을 담아 피워 물고는 다시 앉았던 자리에 와서 앉았다. 그는 무심코 고개를 돌려 부엌 쪽을 바라다보았다. 시커멓게 그을은 섬거적 같은 것이 부엌문 어귀에 놓여 있고 그 옆에는 목이 부러진 지게가 하나 놓여 있다.

여지없이 가난한 살림에 어찌하여 이같이 쓰지 못하게 된 헌 지게를 패어서 때지를 아니하였나 하는 의심도 나게 된다. 아마 이러한 것을 패어 때면 무슨 사위에 꺼리는 까닭인 듯도 싶다. 지금 눈에 뜨이는 이 지게야말로 이것 하나로 말미암아 원보의 과거가 십 년 전 일로부터 오늘까지 줄잡으면 삼 년 전 일까지 내려온 일을 다 말할 수 있는 것이다.

원보가 떠꺼머리 총각으로 겨우 열 살인가 열한 살인가 들던 해에 그의 아버지가 죽었다. 그리하여 중년 과부 된 그의 어머니는 어린 아들에게만 마음을 붙이고 온갖 고생살이를 하며 이 외아들을 키워 왔던 것이다. 그 때 원보의 어머니는 품팔이하고 원보는 나무 장사하여 모자가 지악스럽게 굴어 돈냥이나 모은 탓으로 남에게 착실히 보여 장가까지도 잘 들게 되었었다.

장가든 뒤에는 더욱더 부지런하게 하여 눈이 쌓인 겨울 아침이라도 매일 아침 밝기 전에 일어나서 가을에 해서 쌓아 두었던 나뭇더미에서 무거운 나무짝 하나를 떼어 지고는 거진 십 리나 되는 읍내로 들어가서 팔고 나오게 되는 것이다. 그럴 때에는 넉넉지 못한 돈냥에서도 자그만큼 떼어 내어 북어마리나 소고기 냥어치나 사서 들고 돌아온다. 어떤 때는 귀여운 아내의 소용감으로 왜밀이며, 분이나 바늘이나, 실이나, 또한 어떤 때에는 마음을 크게 먹고 자줏빛 관사나 제병 같은 비단 댕기 감을 떠 가지고는 빈 지게 지고 혼자 돌아오며 추위도 잊어버리고 이 생각 저 생각에 골똘하여진다.

'이 왜밀을 갖다 주면, 이 분을 갖다 주면 여북 좋아할까.'

이렇게 생각하여 보며 그 아내의 방긋이 웃는 모양이 눈에 떠오를 때에는 팔짱 끼고 고개 숙이고 터덜거리며 오던 이 나무 장수는 멋없이 혼자 벙긋 웃는다. 또는 댕기 감을 떠 가지고 올 때에는,

'이것을 갖다가 주면 좋아서 어쩔 줄을 모르렷다!'

하며 그 함치레하고* 새까만 머리를 비비 틀어진 한가운데에 이 새뜻하

고 빛나고 고운 댕기를 휘휘 감아 물린 모양을 속으로 그려 보고는, 바로 그것이 눈앞에 보이는 듯도 싶어 그 어여쁜 꼴을 그대로 보고만 있을 수가 없다는 듯이 손을 내밀어 어루만져 보는 흉내도 내어 보았다.

그러다가 자기 집에 이르러 봉당가에 언 발을 탕탕 구르며 눈을 털고 들어설 때에 기다리고 있다가 때맞추어 방문을 열고 마중 나오는 아내에게 사 온 것을 어머니 모르게 슬그머니 손에다 쥐어 줄 것 같으면 아니나다를까! 과연 아내는 이 세상에는 둘도 없이 가장 어여쁜 입을 방긋이 열어 생긋 웃으며 좋아라고,

"아이고 왜 인자 와?"

하였고, 그 어머니는 뒤따라,

"애야, 여북 시장하고 추웠겠니, 어서 조반 차려 줘라."

한다. 아침을 먹고 난 원보는 눈 쌓인 겨울날에도 남과 같이 마실도 아니 가고 자기 집 방 안에 들어 엎드려 신을 삼으며 어머니와 아내를 번갈아 쳐다보아 가며 웃고 이야기하는 것이 참으로 즐거운 일이었었다. 그럴 때에 또 어머니가 바깥을 나가 단둘이 있게 될 때에는 그 틈을 타서 서로 농을 하여 가며 깔깔대고 웃는 것도 세상에는 흔하지 않은 재미였었다. 지금 그의 머릿속에는 겨울날의 아랫목 이불 속같이 따뜻하고 푸근한 지나간 날의 꿈을 되풀이하고 있었다. 그러나 그것은 다 하염없는 일이다. 그의 아내는 지금 없다. 있는 곳조차 알 수 없었다.

"주리를 틀 년!"

하고 동이 뜨게 있다가 다시,

"그 오라를 질 년이 지금은 어디 가 있나? 죽일 년, 자식 생각도 안 난단 말인가?"

하고 그는 입속말로 중얼거렸다.

∗ 함치레하다 윤이 흐르고 곱다.

이 때 어린 딸이 잠을 깨어 저의 할머니 옆으로 달려들며,

"할머니! 할머니!"

한다. 이 소리를 들은 원보는 별안간에 가슴 속이 짜르르하였다. 그러자 또 그 어머니는 잠을 깨어 팔로 어린아이를 거더듬어 껴안으며,

"아가, 아가, 아프냐? 또 아파?…… 어린것이 물 한 모금도 못 얻어먹고 앓기만 하느라고……."

이 소리는 가늘게 떨려 나오는 목소리다. 이 말끝에는 또한,

"으흐 ―."

하며 길게 내어뽑는 한숨 소리다. 원보의 가슴은 뭉클하였다.

"어머니, 저녁도 못 끓여 잡수셨수?"

이 목소리는 분명히 떨렸다.

"아 너냐?…… 놀랐구나…… 저녁이 어디서 나서 끓여 먹어?…… 넨들 좀 시장할라구!"

"아니……."

하고 말끝을 흐리고 앞만 굽어다보고 한참이나 무슨 생각에 잠겨 있던 원보의 얼굴에는 어떤 무서운 빛이 돌며 무슨 결심이나 한 듯이 입을 딱 악물고 일어선다.

"아 너 이 밤에 어디를 또 가니?"

"에 어디를 좀……."

하고 원보는 밖으로 나가고 말았다.

그 이튿날, 이 마을에는 가뭄보다 더 무서운 새 공포가 닥쳤다. 그것은 헌병과 보조원이 수없이 쏟아져 나와 마을 사람들을 붙잡아다 놓고 묻고 따지고 하며 원보의 집과 그의 친구의 집을 들들 뒤지며 의심스럽다는 사람은 모조리 붙들어 가는 판이다. 동네 개도 짖지 못할 만큼 무서움에 싸여 있다. 한참 동안은 길에 사람조차 뜸하다가 저녁 나절이 되어서 정자나무 그늘에 몇 사람이 모여 황당한 얼굴로 서로 대하고 앉아 수선수선하며 지껄이고 있다. 그들의 말을 들을 것 같으면 간밤에 건넛마을 김참봉 집에 도적이 들어서 돈을 뺏으려다가 돈도 못 뺏고 사람만 상하고 그 도적은 헌병에게 붙잡혀 가기만 하였다고 한다. 또는 헌병과 보조원이 와서 원보의 집을 뒤지고 간 것을 본다든지 원보와 그 친구 한 사람이 간밤에 나간 뒤에 다시 들어오지 아니한 것을 보면 ―― 그 밖에도 몇 사람이 붙들려 갔지마는 ―― 그 도적이 분명히 원보와 그의 친구 한 사람이라고도 한다. 그럴 즈음에 아침 나절에 혐의자로 붙들려

갔던 머슴꾼의 떠꺼머리 총각 하나가 읍내로 통한 신작로로 헐레벌떡거리고 쫓아 올라오더니 여러 사람 옆을 지나치며 외치는 말로,

"원보가 죽었어!"

"어 어, 죽다니?"

"유치장에서 목매어 죽었어······."

그는 바쁘게 대답하며 골목으로 달려들어간다. 조금 있다가 골목 안으로부터 비척비척하고 쓰러질 듯이 달려나오는 늙은 여편네는 원보의 어머니다. 갈팡질팡하고 정자나무 옆을 지나치며 미친 사람같이,

"이놈 봐라!······ 이놈 봐라!······ 죽다니? 네가 죽다니······ 원보야······ 이놈! 이 몹쓸 놈아! 네가 죽다니······."

하고 숨이 콱콱 막힌 말씨로 울부짖으며 읍내로 가는 산모퉁이 길, 해지는 편을 바라다보고 걸어 나간다. 해는 뉘엿뉘엿 넘어간다.

"원보야 ——."

하고 쓰러졌다. 다시 일어났다. 또,

"원보야 ——."

멀리서 들리는 소리다. 해는 아주 떨어졌다. 그의 그림자도 산모퉁이 그늘 속으로 감추어지고 말았다.

이 해에도 늦은 가을이다. 어느 날 이른 아침에 이 마을에서도 가물가물하게 멀리 보이는 들 건너 북망산 고갯길에는 이 마을에서 떠나가는 한 떼의 무리가 있었다. 봇짐 지고 어린아이 업고 바가지 찬 젊은이, 사내, 여편네, 적지 않은 떼가 몰려간다. 서간도로 가는 이사꾼이다. 이 고갯마루턱을 다 넘을 때까지 그들은 서로서로 번갈아 가며 두 걸음에 한 번씩 아득히 보이는 자기네 살던 마을을 우두커니 서서 바라다보고는 걷고 한다. 울어서 눈갓이 부숙부숙한 여자도 있다. 그 가운데에는 원보의 어머니와 그의 어린 딸이 섞여 있음을 볼 수 있었다.

저기압

생활난, 직업난으로 수년을 시달려 왔다.

이 공포 속에서도 값없는 생활 —— 무위한 생활로부터 흘러 나오는 권태는 질질 흐른다. 공황의 한 재를 넘으면 권태. 또 한 재를 넘으면 권태.

생활(먹고사는 일)이라는 줄에 마소 모양으로 정신없이 끌려가다가도 곤한 잠을 깨치고 성난 눈을 번쩍 뜨듯이 지지한 자기의 꼴을 휙 돌아다볼 때,

"이게 다 무슨 생활이란 것이야?…… 네가 참으로 생활다운 생활을 하려면 지금 네 생활을 저렇게 값없이 만드는 현실 —— 그 속을 정면으로 파고 뚫고 들어가서 냅다 한번 부딪쳐 보든지 어쩌든지, 밤낮 그 늘어진 개꼬리 모양으로 질질 끌고 가는 생활의 꼴이란 것은 참 볼 수 없다. 차라리 망골* 편으로 기울어지려면 데카당이 되거나 위로 올라붙든지 아래로 떨어지든지 할 것이지 여름날 쇠불알 모양으

---

* 망골 언행이 매우 난폭하거나 주책없는 사람을 낮잡아 이르는 말.

로 축 늘어져 매달린 생활!"

이 모양으로 폭백을 하고 싶다.

'십 년 만에야 능참봉 하나 얻어 걸렸다'는 격으로 신문기자라는 직업을 겨우 얻어 가지고 '이제는 생활 걱정의 짐은 좀 벗으려니' 하였으나, 또한 마찬가지로 생활난은 앞에 서서 가고 권태는 뒤서서 따른다.

열한 시가 지나서 신문사 입문 댓돌 위에 무거운 발을 턱턱 올려 놓았다. 오늘도 또한 오기 싫은 걸음을 걸어왔다.

힘없는 다리로 이층 층대를 터벅터벅 올라가 편집실 문을 떠밀고 쑥 들어섰다.

"에헤 이것 봐! 묵은 진열품들이 벌써 와서 쭉 늘어앉았네. 어제나, 오늘이나, 그저께나, 내일이나 멀미나게 언제나 한모양으로……. 그런데 이 물건이 제일 꼴찌로 왔구나!"

자리에 가 궁둥이를 터덕 붙이고 앉아서 휘— 한 번 돌아보았다.

맞은편 경리부원 가운데에도 가장 특색 있는 한 사람이 먼저 눈에 들어온다. 키가 작고 체가 앙바틈하고* 눈, 코, 입이 다다구다다구 붙은 것이 조선 사람으로 대면 뒷짐지고 딱 받치고 서서 기침을 '아헴아헴' 하는 시골 구석의 골생원 님이요, 서양 사람으로 대면 작은 키에 큰 갓 쓴 '멕시코' 사람이요, 짐승으로 대면 고슴도치요, 물건으로 대면 장방울이다. 장방울로 일생을 대굴대굴 굴러가는 것도 갑갑한 일이라고 생각하였다.

바른편 정치부 의자에 앉은 부장 —— 장이란 글자부터 밉다 —— 어쨌든, 신수가 멀끔하고 살이 부둥부둥 찌고 미련한 눈찌, 투미한* 두 볼과 입 —— 이것도 도야지다. 도야지 가운데에도 땟물 벗은 귀족 —— 자작이나 남작의 지위쯤 되는 도야지다. 도야지로 세월을 먹어 가는 일

---

* 앙바틈하다 작달막하고 딱 바라져 있다.
* 투미하다 욕심사납고 심술궂거나 묵뚝뚝하고 인정미가 없다.

도 기막힌 일이라고 생각하였다.

그 밖에 또 누구 누구…….

문 여는 소리가 빠드득 나며 영업국에 있는 부원이 하나 들어온다. 딱 벌어진 어깨, 새까만 얼굴, 홀쭉한 키 맵시에 깡뚱깡뚱하는 걸음체가 마치 두 손을 마주치며 '띠라따따 띠라따따' 하고 깡총깡총 뛰노는 사람 같다. 아마 이 사람이 그런 것도 가끔 하는 것 같다. 아니, 그보다도 마음씨가 늘 그 모양으로 깡총깡총하는 듯 싶다. 소반 위에서 재주 넘는 인형이 아닌 담에야 '띠라따따'로 언제나 이 대지 위에서 뛰기만 하는 것도 딱한 일이라고 생각하였다.

또 누구 누구. 네모난 상자 속 같은 이 방 안에서 우물우물하는 것들.

'모두 왜 이 모양들이며…… 수채에 내어던진 썩은 콩나물 대가리 같은 것들이…….'

'이 시대 이 사회는 수채일까?…… 더구나 이 신문사 안이…….'

그러나 이 콩나물 대가리들도 기발한 경우 기특한 일을 하게 할 때는 썩은 콩나물 대가리가 아니고 펄펄 뛰는 훌륭한 창조, 아니 인간이 될 것이다.

'때는 이 때! 우리에게 자유와 행복을 달라. 그렇지 않으면 죽음을 다오!' 하는 호령 밑에 '나아가라, 자유, 평등을 위해, 앞으로!' 할 때가 된다면, 아, 이 인간에게도 영광의 피가 끓으리라! 이네들의 앞에도 갠 하늘이 열리리라!

또는 '넓고 갠 봄, 들 위에 햇빛이 널릴 때걸랑은, 이해 없이 모이자꾸나, 봄잔치 하러 모이자꾸나. 봄 춤을 추러 모이자꾸나' 할 때에는 '동무여, 내 손은 너 잡아 다고, 네 손은 내가 잡자!' 할 수도 있을 것이다.

그러나 지금 이 속에는 권태가 흐른다. 괴는 술 모양으로 들떠서 '부글부글 피―' 하는 소리가 난다. 냄새가 난다. 어찌하여 이 모양으로 되나?

여기에는 생활이 없다. 생활의 기초적 조건이 되는 경제가 사회적으로 또는 개인적으로 파멸이 되었다는 말이다. 따라서 다른 생활도 파멸이 되었다는 말이다.

이 땅의 지식 계급 —— 외지에 가서 공부깨나 하고 돌아왔다는 소위 총준* 자제들 나갈 길은 없다. 의당히 하여야만 할 일은 할 용기도, 힘도 없다. 그것도 자유롭게 사지 하나 움직이기가 어려운 일이다. 그런 가운데 뱃속에서는 쪼로록 소리가 난다. 대가리를 동이고 이런 곳으로 디밀어 들어온다. 그러나 또한 신문사란 것도 자기네들 살림살이나 마찬가지로 엉성하다. 봉급이란 것도 잘 안 나온다. 생활난은 여전하다. 사지나 마음이나 다 한가지로 축 —— 늘어진다. 눈만 멀뚱멀뚱하는 산진열품들이 축 —— 늘어앉았다.

오늘도 월급이 되네 안 되네 하고 숙덕숙덕들 한다. 월급이라고 맛본 지가 서너 달 되나 보다.

간부통인 기자 하나가 앞으로 서슴서슴 걸어오며,

"오늘도 월급이 안 되겠다네!"

일할 마음도 없이 조는 듯 생각하는 듯하던 나는 이 소리에 정신이 펄쩍 났다. 무의식적으로 얼른 그 사람의 얼굴을 한번 쳐다보고는 다시 고개를 푹 —— 숙였다. 낙망이 와서 가슴을 지긋이 누른다. 집 일이 눈앞에 휙휙 지나간다. 사실 오늘 아침에도 시덥지 않은 연극을 한바탕 치르고 온 터이다.

이른 아침에 나 사는 집 문간에는 야단이 났다. 그 야단이란 것은 다른 것이 아니다. 뻔히 사람이 안방 건넌방에 꽉 들어서 사는 집에 난데

---

*총준 총명하고 준수함.

없이 이삿짐이 떠 들어온다.

"사람 들어 있는 집에 온다 간다 말 없이 이삿짐이 웬 이삿짐이란 말이오. 안 되오, 못 들어오."

하고 대문 안으로 들어오려는 이삿짐을 막았다.

"집주인이 가라니까 왔는데, 남의 집에 사글세로 들어 있는 사람이 무슨 큰소리란 말이오?"

"큰소리? 사글세로 들어 있든지 어쨌든지 내가 들어 있는 담에는 안 되오."

"어디 봅시다."

하고 이사 올 사람은 어디로 달려간다.

조금 있다가 집주인 노파쟁이가 성난 상바닥을 하여 가지고 쫓아오며 소리를 고래고래 지른다.

"남의 집을 세들어 가지고, 넉 달치나 세를 떼먹고…… 낯짝이 뻔뻔하게, 들어오는 이삿짐을 막다니…… 이런 수가 있나? 이런 도적의 맘보가 있담?"

"아, 여보, 당신이 경우를 타서 말을 순순히 한대도 내 맘 돌아가는 대로 할 터인데 그렇게 고약만 떨면 일이 잘 될 듯싶소?"

"무엇 어째? 내 맘대로……? 그것부터 도적의 맘보가 아니고 무엇이냐?"

이 말끝을 마치 기적의 끝소리 내어 뽑듯 길게 지르며 악을 쓰며 내게로 달려든다.

대번에 발길로 질러 죽이고 싶은 생각이 펄쩍 나다가도 소위 교양 있다는 문화인이라는 가면 아래에서 이 인조 병신은 속을 꿀꺽꿀꺽 참고 있다가,

"여보, 나는 내 맘대로 할 터이니 당신은 당신 하고 싶은 대로 하오."

하고 대문을 닫아걸고 들어와 방에 누웠다.

대문짝이 왈칵 자빠지는 소리가 들린다. 그 옆에 섰던 우리 집 여편
네하고 집주인 노파하고 싸움질이 나는 모양이다. '이년, 저년' 소리까
지 들린다. 나는 건넌방에서 꼼짝 아니 하고 누워 있었다. 이삿짐은 들
어온다. 안방으로, 마루로 그득 쌓인다. 안방에 누워 있던 병모는 건넌
방으로 쫓겨 나온다. 우리 집 여편네는 달려들어 망신당한 분풀이를 내
게 하려 든다.

"사내라고 돈을 얼마나 때깔 좋게 벌어들이면 여편네를 이런 고생살
이 끝에 망신까지 시킨단 말이야."

그렇지 않아도 민망한 생각이 나던 터에 이 말에는 그만 역증*이 난
다.

"에끼, 망할 계집년, 사람의 속을 몰라도 분수가 있지. 소새끼 같은
계집년! 이렇게 하고 사는 것도 호강인 줄만 알아라!"

저쪽의 발악은 더하여 간다. 참다 못하여 그만 발길로 한번 걷어질렀
다. 자빠지며 하는 소리다.

"계집을 굶기고 헐벗기는 대신에 밟아 죽이려 드는구나!"

계집의 잔사설, 세 새끼의 울음소리, 어머니의 걱정 소리, 아우성판
이다.

나는 그만 밖으로 나오며 혼자 한 말이다.

"에끼…… 이 조선 땅 젊은 놈의 썩는 속은 누가 알까?…… 저기 가
는 저 소나 알까?"

"이것도 권태를 조화시키는 한 흥분제인가?"

말하자면, 처음에는 이 따위의 씁쓰름한 가난살이 맛도 자기 생활의
훌륭한 체험이요, 또는 정신상의 무엇을 얻는 것도 같아서, 고통의 주
먹이 와서 때릴 때마다 그것을 신성시하고 경건한 마음씨로 대하여 나

---

* 역증 역정. 몹시 언짢거나 못마땅하여 내는 성.

가려 하였다. 그러나 그것도 찌들기만 하니까 나중에는 그만 몸과 마음이 까부러져 가기만 할 뿐이다. 이러다가는 큰일났다! 이 까부러져 가는 권태 속에…….

저녁때 태평통 긴 거리로 걸어오는 나의 주머니 속에는 돈 삼십 원이 들어 있다. 석 달 만에 탄 월급이 이것이다. 한 달분 사십오 원씩 석 달치를 합하면 백삼십오 원. 이것을 가지고 묵은 방 빈대 구멍 틀어막듯 하여도 가량이 없는데, 게다가 삼십 원이다. 비틀어진 생각이 그저 풀리지 않는다. 아까도 그 돈을 손에 받아들 제 그 자리에서 그만 찢어 내어던져 버리고 싶은 생각도 났었다.

"빈 주먹에 단돈 일 원이라도 들어온 것만 다행이니 우선 이것을 가지고 가서 급한 불이나 끌까?"

주린 개 떼가 주둥이들을 한데 모으고 제 주인 올 때만 기다리듯 하는 집 식구들의 꼴이 눈에 확 지나간다.

"가자 가자, 어서 집으로 가자!"

"방을 하나 얻어서 집을 옮기고, 양식과 나무나 좀 사고……."

"그리고 나면 또 무엇 해?…… 밤낮 되풀이하는 그 지지한 생활의 꼬락서니……."

언제인가, 밥 먹고들 앉아 있는 집 식구들 꼴을 혼자 우두커니 바라다보고 있다가 속으로,

'저 몹쓸 아귀들! 내 육신과 정신을 뜯어먹는 이 아귀들!'

하며 염오증*이 왈칵 나던 생각이 다시 난다.

'아 —— 인제 그 꼴들 보기도 참 싫다! 그 시덥지 않은 생활을 되풀이하기도 참 멀미난다.!'

자하골*을 바라다보고 가던 나의 걸음은 황토마루 네거리에서 그만

---

* 염오증 마음으로부터 싫어하며 미워하는 생각.
* 자하골 지금의 서울 자하문 부근.

종로를 향하고 꺾어서 걷고 있다.

"에끼…… 내가 그만 이 돈을 쓰고 들어갈까 보다."

어머니의 한숨, 여편네의 눈물, 아이들의 짜증 — 이 돈 삼십 원.

"어디 내가 좀 집 식구들의 눈물을 짜서 먹고 견디어 보리라…… 내 가슴 속이 얼마나 튼튼한가 좀 시험하여 보자……."

이튿날 아침 나는 영추문 앞길로 발을 자주 놀려 올라올 때, 코에서는 아직도 덜 깬 술 냄새가 물씬물씬 남을 깨닫게 한다. 우리 집 골목을 접어들며 나는 발소리를 숨기고 귀를 자주자주 재게 된다. 대문턱에 이르러 가만히 서서 귀를 기울였다. 아무 소리도 들리지 않는다.

'모두 죽었나? 죽지는 아니하였어도 굶어 늘어져서들 누웠나?'

쑥 들어가 보니, 늘어지기는커녕, 멀쩡하니 지껄이고 앉아 있다. 다만 여편네란 사람이 의심난 눈으로 나를 훑어본다. 간밤에 어디서 자고 왔느냐는 의미인가 보다.

주머니 속을 뒤져 보니 쓰고 남은 돈이 얼마 들어 있다. 내가 밖으로 쫓아 나가 쇠고기 두 근 사서 들고, 쌀 한 말을 사서 들리고, 아이들 줄과자도 좀 사 가지고 들어왔다.

"왜? 쌀은 그렇게 적게 팔고 고기는 많이 샀어?"

하고 말하는 여편네는 기쁜 빛이 얼굴에 넘친다. 아마 내가 돈이 많이 생긴 듯싶어서 그러는 모양이다. 이때껏 칭얼대기만 하였으리라고 했던 아이들도 새로운 활기를 얻어 방 안에서 뛰논다.

'꿀꺽꿀꺽', '후룩후룩' 참 잘들 먹어 댄다. 고깃국 맛이 매우들 좋은 모양이다. 이것을 보고 나는 한번 빙그레 웃었다. 두 가지 세 가지 빛으로 섞은 웃음을 보는 일도 근래에 처음인 듯싶다.

갑자기 나는 멜랑콜리*한 기분에 싸여 갑갑한 가슴을 안고 밖으로 뛰어나왔다.

바깥은 날이 몹시 흐리었다. 후텁지근하다. 거리에 걷는 사람도 모두 후줄근하여 보인다.

"어 —— 참 갑갑하다!"

이 거리에, 이 사람들 위에 어서 비가 내리지 않나! 어서…….

---

* 멜랑콜리(melancholy) 우울. 침울.

부록

작가와 작품 스터디

● 박태원 (1909~1986)

서울 출생. 1930년 〈신생〉에 단편 〈수염〉을 발표하면서 문단에 나왔다. 반계급주의 문학의 입장에 서서 세태 풍속을 묘사한 작품을 많이 썼다. 주요 작품에는 〈소설가 구보씨의 일일〉, 〈천변 풍경〉, 〈군상〉 등이 있다.

● 최명익 (1903~?)

평양 출생. 1936년 〈조광〉에 단편 〈비 오는 길〉을 발표하여 문단에 나왔다. 지식층의 불안과 허무를 다룬 작품을 많이 썼다. 대표작으로는 〈역설〉, 〈무성격자〉, 〈심문〉 등이 있으며, 작품집에 〈장삼이사〉가 있다.

● 송영 (1903~1978)

서울 출생. 본명은 무현. 노동자의 삶을 그린 작품을 즐겨 쓰다가, 두 차례의 검거를 겪은 뒤 의식의 패배를 그리는 작풍으로 바뀌었다. 주요 저서로는 〈늘어 가는 무리〉, 〈인도 병사〉 등이 있으며, 광복 후 월북하였다.

● 조명희 (1894~1938)

충북 진천 출생. 〈파사〉와 같은 희곡을 써서 문학 활동을 시작하였다.

카프에 가담해 1927년 대표작 〈낙동강〉을 발표하였다. 이듬해에 일제의 탄압을 피해 러시아로 망명했다가, 1938년 일본 간첩이라는 누명을 쓰고 소련에서 총살당했다. 시집 〈봄잔디 위에서〉, 소설집 〈땅 속으로〉가 있다.

● **소설가 구보씨의 일일**   이 작품은 작가 자신의 생활을 반영한 자전적 소설이다. 주인공인 '구보'는 목적도 없이 집을 나서서 걷고, 다방에 들어가고, 벗을 만나 하루를 보낸다. 그 과정에서 접하는 여러 가지 일들에 반응하고 있는 구보의 의식 세계가 중심 내용을 이루고 있다. 구보는 눈에 보이는 많은 것들을 비판하면서도 돌아오는 길에는 결국 다른 사람과 마찬가지로 결혼을 하여 가정을 가지리라 마음먹는다.

● **장삼이사**   '장삼이사'란 '평범한 사람들'을 뜻한다. 그러나 이 글 속에 등장하는 사람들의 삶은 그다지 평범하지만은 않다. 이 작품의 중심 무대는 흔한 삼등 열차 안이다. 기차 여행을 하는 '나'는 맞은편 자리에 앉은 중년 남자와 젊은 여인에게 관심이 쏠린다. '나'는, 그 남자가 계집 장사를 하는 사람이며, 여자는 애인과 도망쳤다가 붙잡혀 오는 길이라는 사실을 알게 된다. '나'는 기차 안에서 호되게 혼찌검이 난 여자가 자살을 하지는 않을까 걱정하지만, 잠시 화장실에 갔던 여인은 화장을 고치고 아무 일 없다는 듯이 태연한 표정으로 돌아온다.

● **석공 조합 대표**   평양 석공 조합의 조합원인 창호는, 이 조합의 대표 자격으로 서울 대회에 참석할 예정이다. 그러나 창호네 집의 주인이며, 창호 아버지에게도 일터를 제공하고 있는 공장 주인은 창호가 대회에 참가하려는 것을 못마땅하게 생각한다. 이 때문에 창호는 가족의 생계와 조합원의 신의 사이에서 고심하다가 결국은 서울행을 결심하게 된다.

● **농촌 사람들**   이 작품은 제목 그대로 농촌 사람들의 삶을 그리고 있다. 마을에는 가뭄이 계속되어 농민들의 삶은 날로 궁핍해져 갔으나, 김 참봉네 집만은 풍요를 누리고 있었다. 그러던 중 김 참봉에게 아내를 빼앗긴 원보는 삶의 의지를 잃고 방탕한 나날을 보낸다. 결국 그는 김 참봉네를 털기로 결심하나, 성공을 거두지도 못하고 붙잡혀 자살하고 만다.

논술 가이드

〈소설가 구보씨의 일일〉의 두 대목입니다. 제시문을 읽고 다음 문제에 답하시오.

[문항 1]

> 그러나 오히려 고독은 그 곳에 있었다. 구보가 한옆에 끼여 앉을 수도 없게스리 사람들은 그 곳에 빽빽하게 모여 있어도, 그들의 누구에게서도 인간 본래의 온정을 찾을 수는 없었다. 그네들은 거의 옆에 사람에게 한 마디 말을 건네는 일도 없이, 오직 자기네들 사무에 바빴고, 그리고 간혹 말을 건네도, 그것은 자기네가 타고 갈 열차의 시각이나 그러한 것에 지나지 않았다.

> 그러나 구보는 잠깐 주저하고, 내일, 내일부터 나 집에 있겠소, 창작하겠소 ─.
> (중략) 어쩌면, 어머니가 이제 혼인 얘기를 꺼내더라도, 구보는 쉽게 어머니의 욕망을 물리치지는 않을지도 모른다.

(1) 경성역 대합실을 묘사한 첫번째 대목을 읽으면서 느껴지는 분위기는 어떠하며, 일상 생활에서 이와 비슷한 느낌을 받은 적이 있는지 떠올려 봅시다.

----

(2) 두 번째 대목은 이 작품의 결말 부분입니다. 이 대목을 바탕으로 하여 앞으로 소설가 구보의 인생이 어떻게 달라질 것인지 짐작해 봅시다.

〈장삼이사〉의 두 대목입니다. 제시문을 읽고 다음 문제에 답하시오.

[문항 2]

이런 제 말에 벌컥 격분한 그는 주먹을 번쩍 들었다. 막 그 여인의 뒷덜미에 떨어질 그 주먹을 쳐다보는 사람들은 한 순간 숨을 죽일밖에 없었다. 한 순간 후였다. 와하하 사람들의 웃음이 터지었다. 그 주먹이 슬며시 내려오고 그 주먹의 주인이 히히히 웃고 만 까닭이었다.

어쨌든 나는 그 여인이 그렇게 태연히 살아 돌아온 것이 퍽 반가웠다.
(중략)
"트리야 뭘 했댔갔소, 해두 이제 가 만나문 더 반갑갔게 말이웨다."
이런 여인의 말에 나는 웬 까닭인지 껄껄 웃어 보고 싶은 충동을 겨우 억제하였다.

(1) '당꼬바지, 가죽 재킷, 곰방대 영감, 농촌 젊은이'를 '장삼이사'에 비유한다면, 위의 첫번째 글을 비롯하여 그 밖의 대목에서 이들이 보이는 행태는 무엇을 상징한다고 말할 수 있을지 생각해 봅시다.

----

(2) 두 번째 글은 이 작품의 마지막 부분입니다. 껄껄 웃어 보고 싶은 충동을 억제하는 '나'의 모습에서 느껴지는 자신의 감상을 자유롭게 적어 봅시다.

〈석공 조합 대표〉의 두 대목입니다. 제시문을 읽고 다음 문제에 답하시오.
[문항 3]

> "그래 남의 집을 얻어 들었으면 고마운 줄은 모르고, 그래, 남의 집이라고 시들하게 알아서 이렇게 거지를 맨들어 났단 말이냐. 정말이지 내가 웬만한 사람만 같애도 배상이라도 물어 받을 형편인데."
> 아버지는 마음을 종잡을 수가 없었다.
> "영감 덕택은 참 모르는 것은 아니올시다마는 뻔히 아시다시피……."
> 말을 끝도 내기 전에 벼락같이 달려들어서 아버지의 뺨을 내리갈겼다.

> 서울 구리개 광무대 안에서는 대회를 원만히 마쳤다는 최후의 만세 소리가 난다.
> 비장하고도 열렬한 희망 있는 만세 소리가 난다.
> 그 중에는 젊은 박창호의 목소리가 더한층 심각하였었다.

(1) 위 첫번째 글에서처럼 창호 아버지가 공장 주인에게 매를 맞은 이유는 무엇이며, 공장 주인의 횡포를 보고 느낀 점을 간단하게 적어 봅시다.

----

(2) 두 번째 글은 이 작품의 마지막 부분입니다. 서울 대회에서 울리던 창호의 우렁찬 만세 소리가 지니는 의미를 생각해 보고, 이를 통해 작품에는 실려 있지 않은 앞날이 어떻게 전개될 것인지 짐작해 봅시다.

〈낙동강〉의 두 대목입니다. 제시문을 읽고 다음 문제에 답하시오.

[문항 4]

> 낙동강 칠백 리 길이길이 흐르는 물은 이 곳에 이르러 곁가지 강물을 한 몸에 뭉쳐서 바다로 향하여 나간다. 강을 따라 바둑판 같은 들이 바다를 향하여 아득하게 열려 있고 그 넓은 들 품 안에는 무덤무덤의 마을이 여기저기 안겨 있다.

> 그러면 성운은 또,
> "당신은 또 당신 자신에 대하여서도 반항하여야 되오. 당신의 그 눈물, 약한 것을 일부러 자랑하는 여성들의 그 흔한 눈물도 걷어치워야 되오……. 우리는 다 같이 굳센 사람이 되어야 합니다."

(1) 첫번째 글은 이 작품의 도입 부분입니다. 작품 전체의 배경이 되고 있는 '낙동강'이 지니고 있는 의미는 무엇인지 서술해 봅시다.

----

(2) 두 번째 글은 로사를 향해 성운이 충고하는 대목입니다. 큰 일을 이루기 위해서 개인의 감정을 절제하고 나약한 모습을 버려야 한다는 성운의 주장에 반대하는 입장이 되어 반박하는 글을 써 봅시다.

〈베스트 논술 한국대표문학〉(전60권) 목록

권별	작품	작가
1	무정 I	이광수
2	무정 II	이광수
3	무명 · 꿈 · 옥수수 · 할멈	이광수
4	감자 · 시골 황 서방 · 광화사 · 붉은 산 · 김연실전 외	김동인
5	발가락이 닮았다 · 왕부의 낙조 · 전제자 · 명문 외	김동인
6	배따라기 · 약한 자의 슬픔 · 광염 소나타 외	김동인
7	B사감과 러브레터 · 서투른 도적 · 술 권하는 사회 · 빈처 외	현진건
8	운수 좋은 날 · 까막잡기 · 연애의 청산 · 정조와 약가 외	현진건
9	벙어리 삼룡이 · 뽕 · 젊은이의 시절 · 행랑 자식 외	나도향
10	물레방아 · 꿈 · 계집 하인 · 별을 안거든 우지나 말 걸 외	나도향
11	상록수 I	심훈
12	상록수 II	심훈
13	탈춤 · 황공의 최후 / 적빈 · 꺼래이 · 혼명에서 외	심훈 / 백신애
14	태평 천하	채만식
15	레디메이드 인생 · 순공 있는 일요일 · 쑥국새 외	채만식
16	명일 · 미스터 방 · 민족의 죄인 · 병이 낫거든 외	채만식
17	동백꽃 · 산골 나그네 · 노다지 · 총각과 맹꽁이 외	김유정
18	금 따는 콩밭 · 봄봄 · 따라지 · 소낙비 · 만무방 외	김유정
19	백치 아다다 · 마부 · 병풍에 그린 닭이 · 신기루 외	계용묵
20	표본실의 청개구리 · 두 파산 · 이사 외 / 모범 경작생	염상섭 / 박영준
21	탈출기 · 홍염 · 고국 · 그믐밤 · 폭군 · 박돌의 죽음 외	최서해
22	메밀꽃 필 무렵 · 낙엽기 · 돈 · 석류 · 들 · 수탉 외	이효석
23	분녀 · 개살구 · 산 · 오리온과 능금 · 가을과 산양 외	이효석
24	무녀도 · 역마 · 까치 소리 · 화랑의 후예 · 등신불 외	김동리
25	하수도 공사 / 지맥 / 그 날의 햇빛은 · 갈가마귀 그 소리	박화성 / 최정희 / 손소희
26	지하촌 · 소금 · 원고료 이백 원 외 / 경희	강경애 / 나혜석
27	제3인간형 · 제일과 제일장 외 · 사랑 손님과 어머니 외	안수길 / 이무영 / 주요섭
28	날개 · 오감도 · 지주 회시 · 환시기 · 실화 · 권태 외	이상
29	봉별기 · 종생기 · 조춘점묘 · 지도의 암실 · 추등잡필	이상
30	화수분 외 / 김 강사와 T교수 · 창랑 정기 / 성황당	전영택 / 유진오 / 정비석

권별	작품	작가
31	민촌 / 해방 전후 · 달밤 외 / 과도기 · 강아지	이기영 / 이태준 / 한설야
32	소설가 구보씨의 일일 / 장삼이사 · 비오는 길 / 석공 조합 대표 / 낙동강 · 농촌 사람들 · 저기압	박태원 / 최명익 송영 / 조명희
33	모래톱 이야기 · 사하촌 외 / 갯마을 / 혈맥 / 전황당인보기	김정한 / 오영수 / 김영수 / 정한숙
34	바비도 외 / 요한 시집 / 젊은 느티나무 외 / 실비명 외	김성한 / 장용학 / 강신재 / 김이석
35	잉여 인간 / 불꽃 / 꺼삐딴 리 · 사수 / 연기된 재판	손창섭 / 선우휘 / 전광용 / 유주현
36	탈향 외 / 수난 이대 외 / 유예 · 오발탄 외 / 4월의 끝	이호철/ 하근찬/ 오상원/ 이범선/ 한수산
37	총독의 소리 / 유형의 땅 / 세례 요한의 돌	최인훈 / 조정래 / 정을병
38	어둠의 혼 / 개미귀신 / 무진 기행 · 서울 1964년 겨울 외	김원일 / 이외수 / 김승옥
39	뫼비우스의 띠 / 악령 / 식구 관촌 수필 / 기억 속의 들꽃 / 젊은 날의 초상	조세희 / 김주영 / 박범신 이문구 / 윤흥길 / 이문열
40	김소월 시집	김소월
41	윤동주 시집	윤동주
42	한용운 시집	한용운
43	한국 고전 시가와 수필	유리왕 외
44	한국 대표 수필선	김진섭 외
45	한국 대표 시조선	이규보 외
46	한국 대표 시선	최남선 외
47	혈의 누 · 모란봉	이인직
48	귀의 성	이인직
49	금수 회의록 · 공진회 / 추월색	안국선 / 최찬식
50	자유종 · 구마검 / 애국부인전 / 꿈하늘	이해조 / 장지연 / 신채호
51	삼국유사	일연
52	금오신화 / 홍길동전 / 임진록	김시습 / 허균 / 작자 미상
53	인현왕후전 / 계축일기	작자 미상
54	난중일기	이순신
55	흥부전 / 장화홍련전 / 토끼전 / 배비장전	작자 미상
56	춘향전 / 심청전 / 박씨전	작자 미상
57	구운몽 · 사씨 남정기	김만중
58	한중록	혜경궁 홍씨
59	열하일기	박지원
60	목민심서	정약용

〈베스트 논술 한국대표문학〉에 실린 소설과 교과서 대조표

* 〈베스트 논술 한국대표문학〉에 실린 소설과 현행 국어 · 문학 18종 교과서의 수록 내용을 비교 · 분석하였다.

● 초등 학교 교과서(국어)

금오신화, 구운몽, 심청전,
흥부전, 토끼전, 박씨전,
장화홍련전, 홍길동전

● 국정 교과서

작품	작가	교과목
고향	현진건	고등 학교 문법
동백꽃	김유정	중학교 국어 2-1, 중학교 국어 3-1
벙어리 삼룡이	나도향	중학교 국어 1-1
봄봄	김유정	고등 학교 국어(상)
사랑 손님과 어머니	주요섭	중학교 국어 2-1
오발탄	이범선	중학교 국어 3-1
운수 좋은 날	현진건	중학교 국어 3-1

● 고등 학교 문학 교과서

작품	작품	출판사
감자	김동인	교학, 지학, 디딤돌, 상문
갯마을	오영수	문원, 형설
고향	현진건	두산, 지학, 청문, 중앙, 교학, 문원, 민중, 블랙, 디딤돌
관촌 수필	이문구	지학, 문원, 블랙
광염 소나타	김동인	천재, 태성

금 따는 콩밭	김유정	중앙
금수회의록	안국선	지학, 문원, 블랙, 교학, 대한, 태성, 청문, 디딤돌
김 강사와 T교수	유진오	중앙
까마귀	이태준	민중
꺼삐딴 리	전광용	지학, 중앙, 두산, 블랙, 디딤돌, 천재, 케이스
날개	이상	문원, 교학, 중앙, 민중, 천재, 형설, 청문, 태성, 케이스
논 이야기	채만식	두산, 상문, 중앙, 교학
닳아지는 살들	이호철	천재, 청문
동백꽃	김유정	금성, 두산, 블랙, 교학, 상문, 중앙, 지학, 태성, 형설, 디딤돌, 케이스
두 파산	염상섭	문원, 상문, 천재, 교학
등신불	김동리	중앙, 두산
만무방	김유정	민중, 천재, 두산
메밀꽃 필 무렵	이효석	금성, 상문, 중앙, 교학, 문원, 민중, 블랙, 디딤돌, 지학, 청문, 천재, 케이스
모래톱 이야기	김정한	디딤돌, 교학, 문원
모범경작생	박영준	중앙
뫼비우스의 띠	조세희	두산, 블랙
무녀도	김동리	천재, 지학, 청문, 금성, 문원, 민중, 케이스

작품	작가	출판사
무정	이광수	디딤돌, 금성, 두산, 교학, 한교
무진기행	김승옥	두산, 천재, 태성, 교학, 문원, 민중, 케이스
바비도	김성한	민중, 상문
배따라기	김동인	상문, 형설, 중앙
벙어리 삼룡이	나도향	민중
복덕방	이태준	블랙, 교학
봄봄	김유정	디딤돌, 문원
붉은 산	김동인	중앙
B사감과 러브레터	현진건	교학
사랑 손님과 어머니	주요섭	중앙, 디딤돌, 민중, 상문
사수	전광용	두산
사하촌	김정한	중앙, 문원, 민중
산	이효석	문원, 형설
서울, 1964년 겨울	김승옥	문원, 블랙, 천재, 교학, 지학, 중앙
성황당	정비석	형설
소설가 구보씨의 일일	박태원	중앙, 천재, 교학, 대한, 형설, 문원, 민중
수난 이대	하근찬	교학, 지학, 중앙, 문원, 민중, 디딤돌, 케이스
애국부인전	장지연	지학, 한교
어둠의 혼	김원일	천재
역마	김동리	교학, 두산, 천재, 태성, 형설, 상문, 디딤돌

역사	김승옥	중앙
오발탄	이범선	교학, 중앙, 금성, 두산
요한 시집	장용학	교학
운수 좋은 날	현진건	금성, 문원, 천재, 지학, 민중, 두산, 디딤돌, 케이스
유예	오상원	블랙, 천재, 중앙, 교학, 디딤돌, 민중
자유종	이해조	지학, 한교
장삼이사	최명익	천재
전황당인보기	정한숙	중앙
젊은 날의 초상	이문열	지학
젊은 느티나무	강신재	블랙, 중앙, 문원, 상문
제일과 제일장	이무영	중앙
치숙	채만식	문원, 청문, 중앙, 민중, 상문, 케이스
탈출기	최서해	형설, 두산, 민중
탈향	이호철	케이스
태평 천하	채만식	지학, 금성, 블랙, 교학, 형설, 태성, 디딤돌
표본실의 청개구리	염상섭	금성
학마을 사람들	이범선	민중
할머니의 죽음	현진건	중앙
해방 전후	이태준	천재
혈의 누	이인직	천재, 금성, 민중, 교학, 태성, 청문
홍염	최서해	상문, 지학, 금성, 두산, 케이스
화수분	전영택	태성, 중앙, 디딤돌, 블랙

〈베스트 논술 한국대표문학〉에 실린 시와 교과서 대조표

* 〈베스트 논술 한국대표문학〉에 실린 시와 현행 국어·문학 18종 교과서의 수록 내용을 비교·분석하였다.

작품	작가	출판사
가는 길	김소월	지학, 블랙, 민중
가을의 기도	김현승	블랙
겨울 바다	김남조	지학
고향	백석	형설
국경의 밤	김동환	지학, 천재, 금성, 블랙, 태성
국화 옆에서	서정주	민중
귀천	천상병	지학, 디딤돌
귀촉도	서정주	지학
그 날이 오면	심훈	지학, 블랙, 교학, 중앙
그대들 돌아오시니	정지용	두산
그 먼 나라를 알으십니까	신석정	교학, 대한
껍데기는 가라	신동엽	지학, 천재, 금성, 블랙, 교학, 한교, 상문, 형설, 청문
꽃	김춘수	금성, 문원, 교학, 중앙, 형설
끝없는 강물이 흐르네	김영랑	디딤, 교학
나그네	박목월	천재, 블랙, 중앙, 한교
나룻배와 행인	한용운	문원, 블랙, 대한, 형설
남신의주 유동 박시봉방	백석	지학, 두산, 상문

작품	작가	출판사
남으로 창을 내겠소	김상용	지학, 한교, 상문
내 마음은	김동명	중앙, 상문
내 마음을 아실 이	김영랑	한교
농무	신경림	지학, 디딤, 금성, 블랙, 교학, 형설, 청문
누가 하늘을 보았다 하는가	신동엽	두산
눈길	고은	문원
님의 침묵	한용운	지학, 천재, 두산, 교학, 민중, 한교, 태성, 디딤돌
떠나가는 배	박용철	지학, 한교
머슴 대길이	고은	디딤돌, 천재
먼 후일	김소월	청문
모란이 피기까지는	김영랑	지학, 천재, 금성, 형설
목계 장터	신경림	문원, 한교, 청문
목마와 숙녀	박인환	민중
바다와 나비	김기림	금성, 블랙, 한교, 대한, 형설
바위	유치환	금성, 문원, 중앙, 한교
별 헤는 밤	윤동주	문원, 민중
봄은 간다	김억	한교, 교학
봄은 고양이로다	이장희	블랙

작품	작가	출판사
불놀이	주요한	금성, 형설
빼앗긴 들에도 봄은 오는가	이상화	지학, 천재, 문원, 블랙, 디딤돌, 중앙
산 너머 남촌에는	김동환	천재, 블랙, 민중
산유화	김소월	두산, 민중
살아 있는 것이 있다면	박인환	대한, 교학
살아 있는 날은	이해인	교학
생명의 서	유치환	한교, 대한
사갈의 마을에 내리는 눈	김춘수	지학, 블랙, 태성
서시	윤동주	디딤돌, 민중
설일	김남조	교학
성묘	고은	교학
성북동 비둘기	김광섭	지학
쉽게 씌어진 시	윤동주	지학, 디딤돌, 중앙
승무	조지훈	지학, 디딤돌, 금성
알 수 없어요	한용운	중앙, 대한
어서 너는 오너라	박두진	디딤돌, 금성, 한교, 교학
오감도	이상	디딤돌, 대한
와사등	김광균	민중
우리가 물이 되어	강은교	지학, 문원, 교학, 형설, 청문, 디딤돌
우리 오빠의 화로	임화	디딤돌, 대한
울음이 타는 가을 강	박재삼	지학, 교학
자수	허영자	교학

작품	작가	출판사
자화상	노천명	민중
절정	이육사	지학, 천재, 금성, 두산, 문원, 블랙, 교학, 태성, 청문, 디딤돌
접동새	김소월	교학, 한교
조그만 사랑 노래	황동규	문원, 중앙
즐거운 편지	황동규	지학, 형설, 청문
진달래꽃	김소월	천재, 태성
청노루	박목월	지학, 문원, 상문
초토의 시 8	구상	지학, 천재, 두산, 상문, 태성
초혼	김소월	디딤돌, 금성, 문원
타는 목마름으로	김지하	디딤돌, 금성, 문원, 민중
풀	김수영	지학, 금성, 민중, 한교, 태성
프란츠 카프카	오규원	천재, 태성
피아노	전봉건	태성
해	박두진	두산, 블랙, 민중, 형설
해에게서 소년에게	최남선	지학, 천재, 금성, 두산, 문원, 민중, 한교, 대한, 형설, 태성, 청문, 디딤돌
향수	정지용	지학, 문원, 블랙, 교학, 한교, 상문, 청문, 디딤돌

〈베스트 논술 한국대표문학〉에 실린 시조와 교과서 대조표

*〈베스트 논술 한국대표문학〉에 실린 시조와 현행 국어 · 문학 18종 교과서의 수록 내용을 비교 · 분석하였다.

작품	작가	출판사
가노라 삼각산아	김상헌	교학, 형설
가마귀 눈비 맞아	백팽년	교학
가마귀 싸우는 골에	정몽주 어머니	교학
강호 사시가	맹사성	디딤돌, 두산, 교학
고산구곡	이이	한교
공명을 즐겨 마라	김삼현	지학
구름이 무심탄 말이	이존오	천재
국화야 너난 어이	이정보	블랙
녹초 청강상에	서익	지학
농암가	이현보	민중
뉘라서 가마귀를	박효관	교학
님 그린 상사몽이	박효관	천재
대추볼 붉은 골에	황희	중앙
도산 십이곡	이황	디딤돌, 블랙, 민중, 형설, 태성
동짓달 기나긴 밤을	황진이	지학, 천재, 금성, 두산, 문원, 교학, 상문, 대한
마음이 어린후니	서경덕	지학, 금성, 블랙, 한교
말없는 청산이요	성혼	지학, 천재
방안에 혔는 촉불	이개	천재, 금성, 교학
백구야 말 물어보자	김천택	지학
백설이 자자진 골에	이색	지학
삭풍은 나무끝에	김종서	중앙, 형설
산촌에 눈이 오니	신흠	지학

작품	작가	출판사
삼동에 베옷 닙고	조식	지학, 형설
산인교 나린 물이	정도전	천재
수양산 바라보며	성삼문	천재, 교학
십년을 경영하여	송순	지학, 금성, 블랙, 중앙, 한교, 상문, 대한, 형설
어리고 성긴 매화	안민영	형설
어부사시사	윤선도	금성, 문원, 민중, 상문, 대한, 형설, 청문
오리의 짧은 다리	김구	청문
오백년 도읍지를	길재	블랙, 청문
오우가	윤선도	형설
이몸이 죽어가서	성삼문	지학, 두산, 민중, 대한, 형설
이시렴 부디 갈다	성종	지학
이화에 월백하고	이조년	디딤돌, 천재, 두산
이화우 흣뿌릴 제	계량	한교
재너머 성권농 집에	정철	천재, 형설
천만리 머나먼 길에	왕방연	문원, 블랙
청산리 벽계수야	황진이	지학
추강에 밤이 드니	월산대군	천재, 금성, 민중
춘산에 눈녹인 바람	우탁	디딤돌
풍상이 섞어 친 날에	송순	지학, 청문
한손에 막대 잡고	우탁	금성
훈민가	정철	지학, 금성
흥망이 유수하니	원천석	천재, 중앙, 한교, 디딤돌, 대한

〈베스트 논술 한국대표문학〉에 실린 수필과 교과서 대조표

* 〈베스트 논술 한국대표문학〉에 실린 수필과 현행 국어·문학 18종 교과서의 수록 내용을 비교·분석하였다.

작품	작가	출판사
가난한 날의 행복	김소운	천재
가람 일기	이병기	지학
구두	계용묵	디딤돌, 문원, 상문, 대한
그믐달	나도향	블랙, 태성
꼴찌에게 보내는 갈채	박완서	태성
나무	이양하	상문
나무의 위의	이양하	문원, 태성
낭객의 신년 만필	신채호	두산, 블랙, 한교
딸깍발이	이희승	지학, 디딤돌, 청문
멋없는 세상 멋있는 사람	김태길	중앙
무궁화	이양하	디딤돌
백설부	김진섭	지학, 천재, 형설, 태성, 청문
생활인의 철학	김진섭	지학, 태성
수필	피천득	지학, 천재, 한교, 태성, 청문
수학이 모르는 지혜	김형석	청문
슬픔에 관하여	유달영	문원, 중앙
웃음설	양주동	교학, 태성
은전 한 닢	피천득	금성, 대한
이야기	피천득	지학, 청문
인생의 묘미	김소운	지학
지조론	조지훈	블랙, 한교
청춘 예찬	민태원	금성, 블랙
특급품	김소운	교학
폭포와 분수	이어령	지학, 블랙
피딴 문답	김소운	디딤돌, 금성, 한교
행복의 메타포	안병욱	교학
헐려 짓는 광화문	설의식	두산

베스트 논술 한국대표문학 ㉜

소설가 구보 씨의 일일 · 비오는 길 외

지은이 박태원/최명익/송영/조명희
펴낸이 류성관
펴낸곳 SR&B(새로본닷컴)
주 소 서울특별시 마포구 망원동 463-2번지
전 화 02)333-5413
팩 스 02)333-5418
등 록 제10-2307호
인 쇄 만리 인쇄사